Leben
in Freiheit

Aus der
Kraft Gottes
leben und
dienen

IMPRESSUM

Publiziert von Campus für Christus Schweiz
© 2020 Campus für Christus Schweiz, 8. Auflage der deutschen Ausgabe
ISBN: 978-3-906644-45-5
Titel der amerikanischen Originalausgabe: Living Free © 2007 By Mike Riches

- Bibelzitate: Einheitsübersetzung
- Fotos: fotolia.com
- Layout: S!DESIGNMENT, Köln

Leben in Freiheit
Josefstrasse 206
8005 Zürich
Telefon: +41 (0) 44 274 84 76
info@lebeninfreiheit.ch
www.lebeninfreiheit.ch

Bücher von Mike Riches

Entdecke Gottes Design für dein Leben
Leben in Freiheit – Teilnehmerheft
Leben in Freiheit – Leiterheft
Gottes Stimme hören – für sich und für andere

Hearing God´s Voice
One World Two Realms
Strongholds: Understanding and Destroying Satan´s Schemes

 SYCPUB GLOBAL

Published by: Sycpub Global, LLC
www.livingsetfree.store
P.O. Box 158
Gig Harbor, WA 98335
USA
Email: info@sycamorecommission.org

ISBN: 979-8-9929987-3-3

INHALTSVERZEICHNIS

DANKSAGUNG

Nachdem ich mehrere Bücher geschrieben habe, bin ich fest davon überzeugt, dass die Seite der Danksagung eine der wichtigsten Seiten bei der Veröffentlichung eines Buches ist. Der Leser muss nämlich wissen, dass ein Handbuch wie dieses viel mehr ist, als nur die gedruckte objektive Wahrheit. Es ist das Ergebnis von Lektionen, die durch Menschen, die in Gemeinschaft miteinander leben, entdeckt und erlernt wurden. Die Tiefe dieser Realität ist kaum zu vermitteln. Viele mussten einen hohen Preis dafür bezahlen, dass sie zu dem beitrugen, was du nun in Händen hältst.

Als erstes möchte ich der Gemeinde von „Clover Creek Bible Fellowship" (seit Juli 2006 „Destiny City Church" genannt) meinen Dank aussprechen, besonders jenen, die von 1999 bis 2004 mit uns im Boot waren. Es war eine erstaunliche Gruppe von Menschen. Das wird mir täglich immer mehr bewusst. Danke für eure Geduld und eure Lernfähigkeit in diesem Glaubenswachstum, welches sich über Jahre hingezogen hat. Wenn andere verletzend reagierten, weil sie nicht verstanden haben, was Gott bei uns gerade machte, seid ihr freundlich, aber fest geblieben.

Obwohl dieses Handbuch ganz einfach und klar zu sein scheint, war unser Lernprozess in der Entstehung total herausfordernd, unerfreulich und oftmals sehr schmerzhaft. Der unschätzbare Segen und Gewinn war gepaart mit Leid, Kummer und auch Verlusten. Jede Woche in der Gemeinde war ein aufregendes Abenteuer. Wir verbrachten Hunderte von Stunden damit, gemeinsam die Sonntagspredigten aufzuarbeiten und viele Monate mit Schulung, Zurüstung und täglichem Umsetzen. Ihr werdet immer einen besonderen Platz in meinem Herzen und Leben einnehmen.

Die Wahrheiten, die Gott uns lehrte, wurden zu Wochenendseminaren zusammengefasst und schliesslich zu dem Kurs vereinfacht, den wir „Leben in Freiheit" nennen. Jon Graciano hat besonders in den Anfangszeiten viel Zeit investiert. Er konnte uns immer wieder richtungsweisende Einsichten vermitteln. VIELEN DANK dafür! Das Gleiche gilt für all jene, die diesen Kurs in der Anfangszeit durchgearbeitet haben – sie können erstaunliche Zeugnisse über ihr verwandeltes Leben ablegen.

Es gibt viele Gemeinden, die den anfänglichen Rohentwurf von „Leben in Freiheit" benutzten, um ihre Leute in den Wahrheiten zu schulen, die in diesem Handbuch enthalten sind. Sie haben uns über Jahre hinweg viele hilfreiche Rückmeldungen gegeben. Unter anderem möchte ich mich besonders bei Joe Rhodes von „New Hope Church", Stuart Lees von „Christ Church Fulham", Tim Humphrey von „Barnabas Kensington" und Hugh und Ginny Cryer von „Winchester Vineyard" für ihre ständige Dialogbereitschaft und ihren Beitrag bedanken.

Arlyne Lawrence hat bei diesem Projekt mit ihrer Hingabe alle anderen übertroffen. Ihre Motivation kommt aus einem Herzen, welches sich für diese Leben spendenden Wahrheiten voll und ganz engagiert. Sie hat die verwandelnde Kraft dieser Wahrheiten in ihrem eigenen Leben und in ihrer Familie erfahren. Sie hat jeden Aspekt dieses Projekts genauestens unter die Lupe genommen, um mit der Präzision eines Uhrmachers an seiner Endfassung zu arbeiten. DANKE, dass du dein Herz, deine geistlichen Gaben und Fähigkeiten für dieses Projekt eingesetzt hast.

Zum Schluss möchte ich mich bei Dough Burton, Travis Ness und Myron Bernard von „Vision Service Group" für ihr dienendes Herz, für ihre sich am Reich Gottes ausrichtende Geschäftsführung und ihre Grosszügigkeit für uns bei diesem Projekt bedanken!

Mike Riches

EINLEITUNG

Tief in uns wohnt ein anderes Ich. In der Tiefe unseres Herzens lebt eine Person, deren Charakter und Haltung weit über das hinausgeht, als wir uns erträumen können. Diese Person hat keine Angst und überwindet alle Lebensstürme. Diese Person ist voller Mitgefühl und bedingungsloser Liebe für zerbrochene Menschen. Sie ist voll Freude und verbreitet in ihrem Alltag Leben und Hoffnung. Diese Person spricht in Zeiten der Orientierungslosigkeit mutig die Wahrheit und steht auf gegen Ungerechtigkeit.

Diese Person, die in uns wohnt, das sind WIR: unser wahres Ich, so wie Gott, unser Schöpfer, uns gedacht hat. Aber weil wir in einer Welt der Sünde, des Schmerzes, der Ablehnung, Verlassenheit, Gewalt, Ungerechtigkeit, des Missbrauches, der Enttäuschungen und der Einschüchterungen leben, hat dieses Design Kompromisse gemacht und sitzt in einem Gefängnis. Angst, Depressionen, Zorn und Sorgen nehmen Menschen gefangen. Aber Jesus ist gekommen, um uns von allem zu befreien, was uns gefangen hält. Er ist gekommen, um uns zu einem Leben voller Freude, Mitgefühl, Liebe und Mut zu befreien – zu einem Leben, das Gottes Gegenwart und Macht erfährt.

„Freiheit" steht im Zentrum des Lebens und der Botschaft Jesu Christi und der Mission seiner Nachfolger. Davon handelt auch dieser Kurs – er will uns erkennen helfen, wo, warum und auf welche Weise wir in Bindungen und Sklaverei leben, anstatt in Freiheit und Hoffnung. In der Kraft Christi können wir aus diesen Fesseln ausbrechen, um in der Freiheit zu leben, die Jesus für uns erkauft hat. Jesus sagt: „Dann werdet ihr die Wahrheit erkennen, und die Wahrheit wird euch befreien" (Johannes 8,32). Und der Apostel Paulus wiederholt: „Zur Freiheit hat uns Christus befreit" (Galater 5,1).

Der Kurs handelt von dieser Freiheit. Leben in Freiheit ist aber viel mehr als ein Kurs. Dieses Material wird zu einer kraftvollen Lebenserfahrung, indem wir die geistlichen Waffen und Gottes übernatürliche Ausrüstung entdecken und anwenden lernen. „Wenn euch also der Sohn befreit, dann seid ihr wirklich frei" (Johannes 8,36). Lasst uns dieses Abenteuer beginnen.

Gottes Design für dein Leben wartet auf dich.

Teil I

Der Mensch – geschaffen mit einer Bestimmung

A. Gottes ursprüngliches Design

Es war Gottes ursprüngliches Design und Schöpfungsplan mit uns Menschen, dass wir auf ewige Zeiten mit ihm leben sollten – in vollkommener Einheit und Gemeinschaft, ohne Leid, Schmerz oder Krankheit. Er plante für uns ein Leben ohne Beziehungsprobleme, Kummer, Traurigkeit und Leere. Als Menschen wurden wir geschaffen, um ein ganzheitliches, erfülltes, von Freude und Frieden geprägtes Leben führen zu können. Gott schuf die Menschheit mit der Absicht, dass sie sich bei ihm wie zu Hause fühlen sollte.

1. Gott hat uns für eine Liebesbeziehung mit ihm geschaffen

1. Mose 2,15 *Gott, der Herr, nahm also den Menschen und setzte ihn in den **Garten** von Eden, damit er ihn **bebaue** und **hüte**.*

Gott schuf uns Menschen, um mit ihm im Garten Eden zu leben. Beim Schöpfer des Universums sollen wir zu Hause sein, mit ihm zusammenwohnen. Im Garten Eden lebte der Mensch in harmonischer Einheit mit Gott und Gott überschüttete Adam und Eva mit seiner Liebe.

Werfen wir einen Blick auf die folgenden Verse, um Gottes grosse Liebe zu uns zu erkennen:

Jesaja 54,10 *Auch wenn die Berge von ihrem Platz weichen und die Hügel zu wanken beginnen - meine Güte wird nie von dir weichen und der Bund meines Friedens nicht wanken, spricht der Herr, der Erbarmen hat mit dir.*

Zefanja 3,17 *Der Herr, dein Gott, ist in deiner Mitte, ein Held, der Rettung bringt. Er freut sich und jubelt über dich, er erneuert seine Liebe zu dir, er jubelt über dich und frohlockt, wie man frohlockt an einem Festtag.*

Jeder von uns hat diese Bestimmung :

- Gott zu lieben und von Gott geliebt zu werden,

- die Aufgaben und die Lebensbestimmung zu erfüllen,
  für die er einen jeden von uns geschaffen hat,

- andere zu lieben und von ihnen geliebt zu werden,

- und ein Leben frei von Scham und Selbstverurteilung zu leben.

2. Gott hat eine Bestimmung für unser Leben

1. Mose 2,15 *Gott, der Herr, nahm also den Menschen und setzte ihn in den **Garten** von Eden, damit er ihn **bebaue** und **hüte**.*

In 1. Mose 2,15 sehen wir, dass Gott für Adam eine Aufgabe bzw. eine Lebensbestimmung hatte: Er sollte den Garten bebauen und pflegen. Gott hat Adam die Verantwortung und Autorität übertragen, dafür zu sorgen, dass der Garten (und daraus abgeleitet: die ganze Welt) gepflegt wird. In der Bibel gibt es viele Beispiele dafür, die zeigen, wie Gott den Menschen besondere Aufgaben übertragen hat. Die Bibel lehrt klar, dass Gott für **jeden** von uns eine Bestimmung im Leben hat.

Garten:	Berufung, Bestimmung, Platz in der Gesellschaft, Sinn
bebauen:	Werkzeuge, natürliche und geistliche Gaben
behüten:	Autorität ausüben, Vollmacht praktizieren, im eigenen Leben regieren

3. Gott hat uns für ein Leben in Freiheit geschaffen

1. Mose 2,25 *Beide, Adam und seine Frau, waren nackt, aber sie schämten sich nicht voreinander.*

Die Menschen wurden nicht geschaffen, um sich zu schämen oder sich selbst zu verurteilen. Es gab keinerlei Unterdrückung, Scham und keine Verletzungen aus zwischenmenschlichen Beziehungen. Es gab keine Verlierer und keine Gegner. In Gottes Schöpfung herrschte persönliche Freiheit, und alle waren die Gewinner. Nach diesem ursprünglichen Design hatte Gott unser Leben entworfen:

unendliche selbstlose Liebe	Intimität mit Gott	Licht
Leben	Freude	Friede
Bedeutung	Vision	Sicherheit
Autorität	Wert / Würde	Ganzsein

? **Frage:** Wie würde eine solche Welt, Familie, Beziehung deiner Vorstellung nach aussehen?

4. Doch inwiefern leben wir nach Gottes ursprünglichem Design?

Wenn wir einen realistischen Blick auf unser Leben und unsere Umwelt werfen, erkennen wir leicht, dass in der Welt etwas schiefgelaufen ist. Die Welt ist kein gutes Abbild von Gottes ursprünglichem Design. Auf individueller, familiärer, gesellschaftlicher, nationaler und internationaler Ebene sehen wir Tod, Mord, Kriege und Katastrophen. Wir sehen ein Bild voller Missbrauch, Verwahrlosung und Schmerz. Das Leben der Menschen ist geprägt von Traurigkeit, Sorgen, Leere, Sinnlosigkeit und Angst.

Gottes ursprüngliches Design – bedroht von Sünde und sündhaften Reaktionen[2]

Passivität (gegen innen)	Gottes ursprüngliches Design	Aggression (gegen aussen)
Sorgen	Liebe	Feindseligkeit
Selbstmitleid	Freude	Überlegenheit
Unschlüssigkeit	Friede	Konkurrenz
Selbsthass	Geduld	Dominanz
Manipulation	Güte	Härte
Opferrolle	Freundlichkeit	Sturheit
Sturheit	Sanftmut	Unbelehrbarkeit
Apathie	Selbstkontrolle	Kritikgeist
Menschengefälligkeit	Vertrautheit	Ehrgeiz
Verurteilung	Lernfähigkeit	Selbstgenügsamkeit
Gefügigkeit	Leidenschaft	Missbrauch
Selbstzerstörung	Hoffnung	Mord
Scham	Großzügigkeit	zu grosses Selbstbewusstsein/
Niederlage	Vertrauen	Vermessenheit
Rückzug	Unterordnung	Täuschung
Selbstmord	Rücksicht auf andere	Suche nach Aufmerksamkeit
Hoffnungslosigkeit	Feiern	Eifersucht
Unentschlossenheit	Gesundheit	Neid
	Kreativität	Schuldzuweisung
		Überheblichkeit
		Arroganz

Passive Rebellion (Stolz)

wichtig
sicher
gefeiert
geliebt
sehr gut

Aggressive Rebellion (Stolz)

«Jeder geistliche Segen in Christus» (Epheser 1,3)

Sündhafte Reaktionen – „Verhaltensmuster"

[2] Schematische Darstellung aus dem Handbuch „Transforming Life" (Verwandeltes Leben), mit freundlicher Genehmigung der „St. Barnabas Church" in Kensington, London.

Wir Menschen wurden so geschaffen, dass wir in unserem Leben auf der Grundlage von Liebe und Wahrheit wachsen und gedeihen können. Wann immer diese Grundlagen fehlen, zerstört oder irgendwie verbogen sind, führt das zu Verhaltensweisen oder inneren „Haltungen", die Gottes Liebe und Wahrheit immer mehr verdrängen. Diese Denk- und Verhaltensweisen können sich in unserer Persönlichkeit so sehr festfahren, dass sie zu einem Bollwerk werden, die der Wahrheit, die uns eigentlich befreien könnte, aktiv widersteht. Letztlich hindern uns diese „Festungen", nach Gottes ursprünglichem Design und gemäss seiner Lebensbestimmung für uns zu leben.

Schamfreie Zone:

Welche Reaktionen (Passivität/Aggressionen) entdecke ich bei mir selber?
Markiere die Worte, welche dir in deinem Leben bekannt vorkommen!

Wenn wir ehrlich sind, müssen wir sagen: In unserem Leben, in unseren Dörfern und Städten, in unserer Kultur und in unserer Welt ist etwas kaputt gegangen. Wahrscheinlich würden die meisten von uns zugeben müssen, dass wir in verschiedenen Lebensbereichen an unsere Vergangenheit, an Ängste und an Umstände gefesselt sind. Die Frage ist nur: Was ist in die Brüche gegangen? Was ist mit Gottes ursprünglichem Design passiert?

B. Warum leben wir nicht nach Gottes ursprünglichem Design?

1. Was ist schiefgelaufen?

Für den Menschen:

Lies 1. Mose 3,1-13

Adam war Gott ungehorsam. Durch diesen Ungehorsam hat er sein Geburtsrecht aufgegeben. Er hat damit sein Recht aufgegeben, nach Gottes ursprünglichem Design zu leben.

Römer 5,12 *Durch einen einzigen Menschen kam die Sünde in die Welt und durch die Sünde der Tod, und auf diese Weise gelangte der Tod zu allen Menschen, weil alle sündigten.*

Nach Römer 5,12 sehen wir, dass infolge von Adams Sünde jeder von uns eine sündige Natur mitbekommen hat. Die Folge sind sündige Taten und ein Leben ausserhalb von Gottes ursprünglichem Design. Siehe Grafik „Gottes ursprüngliches Design".

Stolz	Selbstsüchtige Ziele	Arroganz
Hass	Untreue	Rebellion
Auflehnung	Betrug	Lügen
Begierde	Tod	Mord

Für die Schöpfung:

Für viele (wenn nicht für die meisten) aus der westlichen Kultur ist der Zusammenhang zwischen der metaphysischen, moralischen Ebene und der Menschheit/Schöpfung schwierig zu verstehen. In Wirklichkeit brachte die Sünde Adams nicht nur Adam – die ganze Menschheit und alle menschlichen Kulturen – unter einen Fluch, sondern auch die ganze Schöpfung.

Römer 8,19-22 *Denn die ganze Schöpfung wartet sehnsüchtig auf das Offenbarwerden der Söhne Gottes. Die Schöpfung ist der Vergänglichkeit unterworfen, nicht aus eigenem Willen, sondern durch den, der sie unterworfen hat; aber zugleich gab er ihr Hoffnung: Auch die Schöpfung soll von der Sklaverei und Verlorenheit befreit werden zur Freiheit und Herrlichkeit der Kinder Gottes. Denn wir wissen, dass die gesamte Schöpfung bis zum heutigen Tag seufzt und in Geburtswehen liegt.*

2. Die Folgen

In 1. Mose zeigt sich, dass dieser Ungehorsam des Menschen auf verschiedenen Ebenen fatale Konsequenzen hatte:

Von Gott getrennt

Jeder von uns Menschen wurde von Gott getrennt.

Lies: 1. Mose 3,23; Jesaja 59,2; Jeremia 2,12-13 und Römer 3,23

? Frage: Wie kommt in diesen Bibelstellen die Trennung von Gott und den Menschen zum Ausdruck?

NOTIZEN

Verlust der Autorität über den Widersacher

Adam wurde geschaffen, um über die Erde zu herrschen (1. Mose 1,28). Er wurde nach dem Bild Gottes geschaffen und bekam Autorität über alles, was Gott erschaffen hatte. Aber dann wurde Adam von Satan verführt, auf ihn zu hören, sich damit gegen Gott zu stellen und sich so dem Widersacher unterzuordnen. Damit gab Adam die Schlüssel zur Autorität über den Menschen und diese Welt in die Hand des Widersachers.

Psalm 8,5-7 *Was ist der Mensch, dass du an ihn denkst, des Menschen Kind, dass du dich seiner annimmst? Du hast ihn nur wenig geringer gemacht als Gott, hast ihn mit Herrlichkeit und Ehre gekrönt. Du hast ihn als Herrscher eingesetzt über das Werk deiner Hände, hast ihm alles zu Füssen gelegt.*

Johannes 12,31 *Jetzt wird Gericht gehalten über diese Welt; jetzt wird der Herrscher dieser Welt hinausgeworfen werden.*

Sinn- und Ziellosigkeit

In 1. Mose 2,15 haben wir gesehen, dass Adam von Gott die Aufgabe bekam, den Garten zu bebauen und zu pflegen. Nun scheint Adams Leben sinnlos geworden zu sein – er ist Staub und wird wieder zu Staub werden. Der Ackerboden ist von Gott verflucht; Adam ist dazu verurteilt, schwer und sinnlos zu arbeiten,

1. Mose 3,19 *Im Schweisse deines Angesichts sollst du dein Brot essen, bis du zurückkehrst zum Ackerboden; von ihm bist du ja genommen. Denn Staub bist du, zum Staub musst du zurück.*

Störung der zwischenmenschlichen Beziehungen

Unsere zwischenmenschlichen Beziehungen sind der Ort, wo sich Gottes Design und seine Liebe in besonderer Weise und besonderer Kraft offenbart. Stattdessen prägen Konflikte, Misstrauen und Konkurrenzdenken das Verhältnis gerade zwischen den Geschlechtern: Ehemänner und Ehefrauen kämpfen um Kontrolle und Macht, Geschwisterbeziehungen sind von Streit und Rivalität gekennzeichnet und Kinder liegen im Streit mit ihren Eltern.

1. Mose 3,12 *Adam antwortete: «Die Frau, die du mir beigesellt hast, sie hat mir von dem Baum gegeben, und so habe ich gegessen.»*

1. Mose 3,16 *Zur Frau sprach er: Viel Mühsal bereite ich dir, sooft du schwanger wirst. Unter Schmerzen gebierst du Kinder. Du hast Verlangen nach deinem Mann; er aber wird über dich herrschen.*

1. Mose 4,8 *Hierauf sagte Kain zu seinem Bruder Abel: «Gehen wir aufs Feld!» Als sie auf dem Feld waren, griff Kain seinen Bruder Abel an und erschlug ihn.*

Persönliche Gebundenheiten und Leiden

Lies 1. Mose 3,8-10 und Römer 7,19-20

Adam und Eva versteckten sich vor Gott, weil sie Angst hatten (hier sehen wir bereits die ersten Folgen der Sünde). Angst und Scham sind in Adams und Evas Leben gekommen, und sie laufen von Gott weg.

Einschränkung der Gesundheit und Lebenskraft

Gottes Reich ist voll pulsierenden Lebens und strotzender Gesundheit. Krankheit und Tod haben ihren Ursprung in Satans Reich. So war es nicht vorgesehen. Gottes ursprüngliches Design für unser Leben war nicht, dass es von Schmerz, Leid, Kummer, Sorge, Krankheit und Tod geprägt sein sollte.

Lies: Prediger 4,1-7

Schamfreie Zone:

In welchen dieser Bereiche leide ich aktuell am meisten? Welche Personen sind dabei Teil von Spannungen, Not und Schmerz? Schreibe die Namen auf.

_____

_____

_____

_____

C. Gottes Freiheit wiedergewinnen

Wie und wo sollen wir anfangen, um die Freiheit wieder zu finden, die Gott sich für uns wünscht? Ist es notwendig, dass man dazu ein besonderes Wort oder Gebet spricht oder eine bestimmte Bussübung verrichtet? Leider haben viele religiöse Systeme genau das versucht und wollten sich so die Freiheit verdienen. Aber die Realität ist: „Leben in Freiheit" beginnt mit einer Person – mit Jesus Christus.

1. Erlösung bedeutet die völlige Wiederherstellung des Lebens

Lukas 19,10 _Denn der Menschsohn ist gekommen, um zu suchen und zu retten, was verloren ist._

Wir bekommen ein besseres Verständnis von Erlösung, wenn wir uns die verschiedenen Bedeutungen des griechischen Wortes _sozo_ ansehen, das in Lukas 19,10 mit „retten" übersetzt wird. Das griechische Wort zeichnet ein viel umfassenderes Bild von Rettung, da es nebst Erlösung auch Wiederherstellung, Schutz, Bewahrung, Heilung und Heilwerden beinhaltet. Diese Begriffe helfen uns zu verstehen, woran Jesus dachte, als er für unsere „Rettung" oder „Erlösung" kam. Das Wort _sozo_ finden wir in folgenden Zusammenhängen:

Wiederherstellung unserer Gottesbeziehung

Römer 10,9 _Wenn ihr also mit dem Mund bekennt: „Jesus ist der Herr", und im Herzen glaubt, dass Gott ihn von den Toten auferweckt hat, werdet ihr gerettet (sozo)._

Epheser 1,5 _Er hat schon damals beschlossen, dass wir durch Jesus Christus seine eigenen Kinder werden sollten. Dies war sein Plan, und so gefiel es ihm._

Wiederherstellung unserer Lebensbestimmung

2. Timotheus 1,9 *Er hat uns gerettet (sozo); mit einem heiligen Ruf hat er uns gerufen, nicht aufgrund unserer Werke, sondern aus eigenem Entschluss und aus Gnade, die uns schon vor ewigen Zeiten in Christus Jesus geschenkt wurde.*

Epheser 2,10 *Seine Geschöpfe sind wir, in Christus Jesus dazu geschaffen, in unserem Leben die guten Werke zu tun, die Gott für uns im Voraus bereitet hat.*

Unser Bewusstsein für unsere Lebensbestimmung wird wiederhergestellt; wir fangen an zu begreifen, dass jeder von uns für eine grosse und gewichtige Aufgabe bestimmt ist. Durch Gottes wiederherstellende Kraft bekommen wir die Chance, uns in seinen Plan wieder einzufügen.

Befreiung von der Macht des Feindes

Lukas 8,36 *Die, die alles gesehen hatten, berichteten ihnen, wie der Besessene geheilt (sozo) wurde.*

Jesus zerstört jedes Werk des Feindes in unserem Leben. Er befreit uns von jeder Bedrückung und Versklavung. Jesus führt aus dem Gefängnis von vergangenen Erfahrungen und Verletzungen, und er führt uns auf Neuland!

Wiederherstellung unseres Körpers

Markus 10,52 *Da sagte Jesus zu ihm: «Geh! Dein Glaube hat dir geholfen (sozo). Im gleichen Augenblick konnte er wieder sehen, und er folgte Jesus auf seinem Weg.»*

Jesu Wiederherstellung schliesst physische Heilung mit ein. Im Neuen Testament ist immer wieder zu sehen, wie Jesus Menschen physisch wiederhergestellt und geheilt hat.

Das biblische Verständnis von Rettung gilt dem ganzen Menschen (Körper, Seele und Geist).

2. Erlösung bedeutet, ein Leben in Freiheit zu führen

„Leben in Freiheit" bedeutet, dass wir uns alle Aspekte des Erlösungswerkes von Jesus Christus im Glauben aneignen. Es beinhaltet auch die Fähigkeit, ein Leben mit Hoffnung, Sinn und Erfüllung zu führen. Dies umfasst zum Bespiel folgende Dinge:

Freiheit von Ablehnung

„Leben in Freiheit" heisst mit Gott versöhnt zu leben und durch Jesus Christus vollkommen angenommen zu sein!

2. Korinther 5,18-19 *Aber das alles kommt von Gott, der uns durch Christus mit sich versöhnt und uns den Dienst der Versöhnung aufgetragen hat. Ja, Gott war es, der in Christus die Welt mit sich versöhnt hat, indem er den Menschen ihre Verfehlungen nicht anrechnete und unter uns das Wort von der Versöhnung aufgerichtet hat.*

Freiheit von Schuldgefühlen, Verurteilung und Scham

„Leben in Freiheit" bedeutet im Bewusstsein zu leben, dass unsere Sünden vergeben sind, dass wir Frieden mit Gott und den Menschen haben und dass wir uns nicht zu schämen brauchen.

Römer 8,1 *Jetzt gibt es keine Verurteilung mehr für die, welche in Christus Jesus sind.*

Freiheit von Furcht und Angst

„Leben in Freiheit" bedeutet gemäss Gottes ursprünglichem Design für uns, dass wir frei werden von Angst und Furcht und in Frieden, Vertrauen und Glauben leben lernen.

2. Timotheus 1,7 *Denn Gott hat uns nicht einen Geist der Verzagtheit gegeben, sondern den Geist der Kraft, der Liebe und der Besonnenheit.*

Freiheit von Versklavung an Krankheit und Leiden

„Leben in Freiheit" bedeutet zu lernen, die Autorität Jesu über Krankheit und Leiden in Anspruch zu nehmen.

Matthäus 8,16-17 *Am Abend brachte man viele Besessene zu ihm. Er trieb mit seinem Wort die Geister aus und heilte alle Kranken. Dadurch sollte sich erfüllen, was durch den Propheten Jesaja gesagt worden ist: «Er hat unsere Leiden auf sich genommen und unsere Krankheiten getragen.»*

Freiheit von Gottes Gericht und von Todesfurcht

„Leben in Freiheit" besteht deshalb auch darin, dass wir Gottes Gericht nicht zu fürchten brauchen und frei von Todesfurcht leben können.

Hebräer 2,14-15 *Da nun die Kinder Menschen von Fleisch und Blut sind, hat auch er in gleicher Weise Fleisch und Blut angenommen, um durch seinen Tod den zu entmachten, der die Gewalt über den Tod hat, nämlich den Teufel, und um die zu befreien, die durch die Furcht vor dem Tod ihr Leben lang der Knechtschaft verfallen waren.*

Freiheit von Unterdrückung durch den Widersacher

„Leben in Freiheit" bedeutet, so zu leben, dass wir unsere Autorität über Satan und dessen Macht in unserem Leben erkennen und einsetzen.

Kolosser 2,13-15 *(...) Gott aber hat euch mit Christus zusammen lebendig gemacht und uns alle Sünden vergeben. (...) Die Fürsten und Gewalten hat er entwaffnet und öffentlich zur Schau gestellt; durch Christus hat er über sie triumphiert.*

1. Johannes 3,8 (GN) *Der Sohn Gottes aber ist erschienen, um die Werke des Teufels zu zerstören.*

3. Erlösung bedeutet Wiederherstellung von Gottes Design

„Leben in Freiheit" beinhaltet die Wiederherstellung von Gottes ursprünglichem Design für die ganze Persönlichkeit. Durch die Kraft des Heiligen Geistes werden wir Stück für Stück zu dem Menschen, wie Gott ihn sich ursprünglich gedacht hat. Diese Wiederherstellung bringt Gottes Absichten auch in die erweiterte Körperschaft: Familien, Gemeinschaften, Gemeinden, Städte und Nationen.

Die Wiederherstellung hat seine Auswirkung auf alle Ebenen des Charakters (Wesensmerkmale), unserer Begabungen und der Lebensbestimmung:
- **Temperament:** Charaktereigenschaften von Jesus, Früchte des Geistes, Eigenschaften von biblischen Persönlichkeiten
- **Geistesgaben:** Gabe der Barmherzigkeit, Leiterschaft, Ermutigung usw. (Römer 12,3-8; 1. Kor 12)
- **Berufung:** Leiter wie Moses oder Deborah, Lehrer wie Paulus oder Priscilla, Freund wie Jonathan oder Ruth usw.

4. Gottes Design im Leben von biblischen Personen entdecken

In diesen Bibelstellen entdecken wir, wie Gott Menschen mit ihrem Design gerufen und berufen hat. Dabei stehen die Merkmale (Charakter, Wesen, Wirkung) und Ziel-Auftrag im Zentrum.

Lies: Lukas 1,13-17. Was sagt Gott über das Design von Johannes?

Das ursprünliche Design von Johannes dem Täufer	
MERKMALE	ZIELE

Weitere Bibelstellen zum Vergleich:

• Gideon: Richter 6,12-17
• Teufel: Hesekiel 28,12-15
• Jesus: Jesaja 49; 61,1-4

D. Verantwortung des Menschen und geistliche Transaktion

Das grosse wiederherstellende Werk der Erlösung ist Gottes Plan und Werk; es hängt allein von ihm ab und es kann nur von ihm vollbracht werden. Wir können nicht so gerecht sein wie Gott, aber wir haben im Prozess der Erlösung, die an uns geschehen soll, eine spezielle Verantwortung des „Annehmens" und „Aneignens". Man könnte sie als menschlich-göttliche Zusammenarbeit bezeichnen: **Erlösung ist das Werk, das von Gott bereits vollbracht wurde** und für mich vorbereitet ist. **Meine Verantwortung ist es, die Erlösung anzunehmen,** damit sie in meinem Leben wirksam und sichtbar wird. Das wird zum Beispiel in Johannes 1,12 beschrieben, wenn Gott sagt: *Aber allen, die ihn [Jesus] aufnahmen und ihm* **Glauben schenkten, verlieh er das Recht,** *Kinder Gottes zu werden.*

Wenn wir uns diesen oder einen anderen Aspekt des Erlösungswerkes von Jesus in unserem Leben aneignen, sprechen wir von einer „geistlichen Transaktion".

1. Geistliche Transaktion erweist sich in Kraft, nicht nur in Worten

1. Korinther 4,20 Denn *nicht in Worten erweist sich die Herrschaft Gottes, sondern in der Kraft.*

Jesus Christus hat für uns am Kreuz das Werk der Vergebung und der Versöhnung mit Gott vollbracht. Wenn wir nun Jesus als Erlöser und Herr glaubensvoll in einem Gebet in unser Leben aufnehmen, findet in der geistlichen Welt eine Transaktion statt. Diese Transaktion besteht nicht nur aus Worten, sondern sie hat Kraft und weitreichende Auswirkungen. Wir fangen an zu spüren, dass wir von einer anderen Kraft gehalten und geführt werden als bisher. Diese Kraft von Gott hält an, wenn wir in Gehorsam leben.

Im Hinblick auf ein zunehmendes Hineinfinden in das „Leben in Freiheit" nach Gottes ursprünglichem Design ist es wichtig, dass wir uns immer wieder folgenden Tatsachen bewusst sind:

- Wir können diese Freiheit weder durch Selbsthilfe noch durch positives Denken bekommen.
- Wir können uns diese Freiheit weder verdienen noch erkämpfen.
- Wir können keine bleibende Veränderung nur durch unseren Willen erzwingen.
- Wir können unsere Fesseln nicht wegwünschen.

Wir brauchen eine geistliche Transaktion!

2. Geistliche Transaktion verstehen

Wer sich im täglichen Leben mit einem Partner auf ein Geschäft geeinigt hat, unterzeichnet einen Vertrag, der dann durch einen Notar öffentlich beurkundet wird. Das Eigentumsrecht an einer Sache wird damit überschrieben, gestützt von der Autorität dessen, der die Garantie dafür gegeben hat. Wenn ein Nachfolger Jesu Christi eine bewusste Entscheidung für die Wahrheit trifft und mit seinen Worten seinen Glauben erklärt, geschieht etwas Ähnliches auf der geistlichen Ebene, und es wird durch die höchste Autorität des Universums besiegelt. Die geistliche Transaktion ist vollzogen – es ist vollbracht! Eine geistliche Transaktion findet im geistlichen Bereich statt und das hat Auswirkungen auch auf den natürlichen oder physischen Bereich.

Elemente einer geistlichen Transaktion:

- Mit den Bedingungen von Gottes Wahrheit übereinstimmen.
- Sich den Bedingungen von Gottes Wahrheit unterordnen.
- Mit eigenen Worten eine glaubenserfüllte Aussage machen.
- Verstehen und vertrauen, dass diese Aussage von Gottes souveräner Autorität unterstützt wird.
- Wissen und vertrauen, dass eine geistliche Transaktion stattgefunden hat, die Gottes Kraft auf sehr reale Art und Weise freisetzt!

Geistliche Transaktion und Heilung

Lies: Matthäus 9,20-22 und Lukas 6,17-19

? **Frage:** Was entdeckst du?

3. Unsere Erlösung durch Jesus: Die erste geistliche Transaktion

Die gute Nachricht ist, dass die Geschichte der Menschheit und der Schöpfung mit dem Sündenfall nicht zu Ende ist. Jesus Christus verkündete, dass er gekommen sei „um zu suchen und zu retten, was verloren ist" (Lukas 19,10). Beachte, dass es heisst, Jesus ist gekommen, um zu suchen und zu retten, was verloren ist, nicht bloss diejenigen, die verloren sind. Jesus kam, um das Werk der Wiederherstellung zu beginnen und zwar mit der Wiederherstellung der Beziehung zwischen Mensch und Gott. Darüber hinaus soll alles wiederhergestellt werden, was durch Adams Sünde verloren gegangen ist.

Wo Satan Zerstörung, Korruption und Gebundenheit gebracht hat, will das Leben und der Dienst von Jesus Christus eine Wiederherstellung der Fülle, Ganzheit und Freiheit bewirken.

Das Wiederherstellungswerk wird erst in der Ewigkeit vollendet werden, aber unser Leben in Freiheit beginnt jetzt mit unserer Erlösung durch Christus (Kolosser 2,13-15).

Die geistliche Transaktion der Erlösung wird ausgelöst, wenn ein Mensch folgende Wahrheiten anerkennt und darauf reagiert:

Gott ist heilig und gerecht – wir aber sind es nicht

Als erstes müssen wir erkennen, dass Gott heilig und gerecht ist und dass unser Leben seinen Massstäben nicht gerecht wird. Wir haben stattdessen alle gesündigt und gegen ihn und seine Wahrheit verstossen. Weil Gott ein gerechter Gott ist, muss er auf Sünde gerecht reagieren. Die Konsequenzen davon bedeuten, dass wir unter Gottes Gericht kommen und auf ewig von Gott getrennt bleiben.

Römer 3,10-12 *Wie es in der Schrift heisst: «Es gibt keinen, der gerecht ist, auch nicht einen; es gibt keinen Verständigen, keinen, der Gott sucht. Alle sind abtrünnig geworden, alle miteinander taugen nichts. Keiner tut Gutes, auch nicht ein einziger».*

Gott ist Liebe und hat seinen Sohn gesandt, um für unsere Sünden zu bezahlen

Zweitens müssen wir persönlich die Wahrheit akzeptieren, dass Gott ein Gott ist, dessen Liebe keine Grenzen hat. In seiner grossen Liebe zu uns hat er seinen Sohn Jesus Christus auf die Erde geschickt, um als Mensch zu leben, aber ohne Sünde. Dann ist er als Gerechter unschuldig am Kreuz gestorben. Das geschah, um die Strafe für die Sünde der Menschheit auf sich zu nehmen, damit Gott jedem, der ihn annimmt, ob Mann, Frau oder Kind, zu Recht vergeben kann. Danach ist Jesus vom Tod auferstanden, um zu demonstrieren, dass er Satan, Tod und Sünde besiegt und Gottes Gerechtigkeit gegenüber der Sünde Genüge getan hat.

Lies dazu: Titus 3,3-5 und Römer 6,23

Wir erhalten neues Leben aus Gnade, indem wir glauben und bekennen

Drittens müssen wir glauben und unseren Glauben bekennen, indem wir mit unserem Mund gewisse Entscheidungen festmachen und Erklärungen abgeben. Unser Glaube an die biblischen Wahrheiten bekommt durch unser Aussprechen im Gebet Kraft und Wirksamkeit. Wenn wir das tun, werden wir gerettet, unsere Sünden werden vergeben und wir dürfen mit Gott die Ewigkeit im Himmel verbringen. So erfahren wir Gottes Freiheit, Liebe und Kraft in unserem Leben.

Römer 10,9-10 *Denn wenn du mit deinem Mund bekennst: «Jesus ist der Herr» und in deinem Herzen glaubst: «Gott hat ihn von den Toten auferweckt», so wirst du gerettet werden. Wer mit dem Herzen glaubt und mit dem Mund bekennt, wird Gerechtigkeit und Heil erlangen. Denn die Schrift sagt: Wer an ihn glaubt, wird nicht zugrunde gehen.*

Römer 10,13 *Denn jeder, der den Namen des Herrn anruft, wird gerettet werden.*

Wir erhalten Jesu Gerechtigkeit und Leben durch Glauben

Viertens tauschen wir unsere Sünde gegen Jesu Gerechtigkeit ein. Wenn Gott uns anschaut, dann sieht er nicht mehr unsere Sünde. Er sieht stattdessen die Reinheit seines Sohnes. Denn Jesus Christus, dessen Wesen und Leben gerecht war, hat die Strafe und den Preis für die Sünde der Menschen auf sich genommen. Deshalb ist es möglich, dass sündige Menschen beim geistlichen Erlösungsakt durch einen Glaubensakt die Schuld ihrer Sünde gegen die Gerechtigkeit Jesu austauschen können.

2. Korinther 5,21 *Er hat den, der keine Sünde kannte, für uns zur Sünde gemacht, damit wir in ihm Gerechtigkeit Gottes würden.*

Schamfreie Zone:

Hast du schon mal ganz bewusst diese biblischen Wahrheiten für dich in Anspruch genommen? Bist du durch den Glauben an Jesus Christus gerettet und hast du angefangen zu erleben, wie sein Erlösungswerk die Fesseln des geistlichen Todes sprengt? Wenn nicht, warum das nicht gerade jetzt tun? Mit folgenden Schritten kannst du jetzt das „Leben in Freiheit" beginnen:

- Gib zu, dass du als Mensch unter der Herrschaft der Sünde stehst, dass du von Gott getrennt bist und dich selbst nicht retten kannst.
- Bekenne deine Sünde vor Gott und bitte ihn um Vergebung.
- Glaube, dass die Strafe für deine Sünde durch Jesu Tod am Kreuz und seine Auferstehung von den Toten bezahlt ist und dass du dadurch ewiges Leben und Freiheit bekommen hast.
- Nimm Gottes Vergebung im Glauben an und fange an, in der Freiheit zu leben. Entscheide dich, Jesus von nun an die Leitung in deinem Leben zu überlassen und ihm zu gehorchen.

Epheser 2,4-5 *Gott aber, der voll Erbarmen ist, hat uns, die wir infolge unserer Sünden tot waren, in seiner grossen Liebe, mit der er uns geliebt hat, zusammen mit Christus wieder lebendig gemacht. Aus Gnade seid ihr gerettet.*

Wenn du ein Kind Gottes sein möchtest, das durch den Glauben an Jesus Christus wiederhergestellt wird zu Gottes ursprünglichem Design, dann sprich dieses Gebet mit aufrichtiger Überzeugung:

„Lieber himmlischer Vater, ich glaube, dass du absolut gerecht und heilig bist, und ich möchte in deinen Augen gerecht sein. Ich weiss, dass ich ein Sünder bin, und ich bekenne, dass ich sündige und vor deiner Heiligkeit nicht bestehen kann. Ich glaube auch, dass du ein Gott der Liebe bist, der seinen Sohn Jesus Christus gesandt hat, um für meine Sünde zu sterben. Ich glaube, dass Jesus Christus warhaftig Gott ist, auch wenn er auf Erden warhaftig als Mensch lebte. Ich glaube, dass er ohne Sünde und absolut heilig war. Ich glaube, dass Jesus am Kreuz gestorben ist, um die Strafe für meine Sünde auf sich zu nehmen. Ich glaube, dass Jesus von den Toten auferstanden ist, um zu zeigen, dass er die Sünde besiegt und sein Urteil über mich aufgehoben hat. Im Glauben und durch deine Gnade bitte ich dich, meine Sünde zu vergeben und mich wieder anzunehmen als dein Kind; ein Kind Gottes, dem durch die Gerechtigkeit Jesu Christi vollkommen vergeben ist und das in Beziehung mit dir leben darf. Ich empfange deine Vergebung und erkläre, dass ich mit meinem Leben nicht mehr der Sünde, sondern dir, dem Schöpfer und Retter meines Lebens, dienen und gehorchen will. Amen."

4. Geistliche Transaktion als Lebensstil

Die wichtigste geistliche Transaktion im Leben eines Christen geschieht, wenn eine Person Jesus Christus als persönlichen Herrn und Erlöser annimmt und ihr Leben ganz unter die Führung des Heiligen Geistes stellt. Diese Transaktion basiert auf Gottes Wahrheit und der Herzensüberzeugung, welche sich im gesprochenen Bekenntnis manifestiert (Römer 10,9).

Dies ist jedoch nur der Anfang. Geistliche Transaktion findet im Alltag immer dort statt, wo die göttlich-menschliche Zusammenarbeit im Gebet des Glaubens auf Grund der Verheissungen Gottes einen Ausdruck findet (zum Beispiel im Gebet um Vergebung).

Als Menschen übernehmen wir die Initiative und tun das, was nur wir tun können. Gott tut und antwortet auf die Weise, wie nur er es tun kann.

E. Umkehr verstehen und praktisch ausüben

Es gibt mehrere geistliche Wahrheiten, die für ein Leben in Freiheit von strategischer Bedeutung sind. Wir werden diese in den folgenden Lehreinheiten besprechen, wollen aber schon jetzt einen Blick auf eine ganz bestimmte Wahrheit werfen, die uns auf unserem Weg in Bewegung setzen wird: Es geht um die Freiheit, die in der Umkehr zu finden ist.

1. Umkehren verstehen und praktisch ausüben

Markus 1,14-15 *Nachdem man Johannes ins Gefängnis geworfen hatte, ging Jesus wieder nach Galiläa; er verkündete das Evangelium Gottes und sprach: Die Zeit ist erfüllt, das Reich Gottes ist nahe. Kehrt um, und glaubt an das Evangelium!*

Umkehr bedeutet stehenbleiben, sich umdrehen, in die entgegengesetzte Richtung gehen.

Umkehren heisst:

1. Unsere Sünden (als Sünden) erkennen und bekennen
1. Korinther 15,34 *Werdet nüchtern, wie es sich gehört, und sündigt nicht!*

2. Unser Denken durch die Wahrheit erneuern
Römer 12,2 *Gleicht euch nicht dieser Welt an, sondern wandelt euch und erneuert euer Denken, damit ihr prüfen und erkennen könnt, was der Wille Gottes ist: was ihm gefällt, was gut und vollkommen ist.*

3. Uns von unseren Sünden abwenden
2. Timotheus 2,19 *Wer den Namen des Herrn nennt, meide das Unrecht.*

4. Das Gegenteil tun
Lukas 19,8 *Zachäus aber wandte sich an Jesus und sagte: «Herr, ich werde die Hälfte meines Vermögens an die Armen verteilen, und wem ich am Zoll zu viel abgenommen habe, dem gebe ich es vierfach zurück».*

Epheser 4,28 *Der Dieb soll nicht mehr stehlen, sondern arbeiten und sich mit seinen Händen etwas verdienen, damit er den Notleidenden davon geben kann.*

2. Das Gebet der Umkehr

Wenn wir in der Autorität Jesu Christi die Wahrheit aussprechen und verkünden, findet eine geistliche Transaktion statt. Es ist ähnlich wie bei dem Lebensübergabegebet: Es findet eine Transaktion statt, die greifbare Auswirkungen hat.

Wir stellen hier ein konkretes „Modellgebet der Umkehr" vor, das wir für unsere geistlichen Transaktionen immer anwenden können. Es gründet auf Jakobus 4,6-10 und umfasst vier Schritte, auf die wir im Verlauf des Kurses immer wieder verweisen werden (vgl. Vertiefung siehe Teil V. S. 58-61).

1. **Bekenne:**
   Bekenne deine Sünde als Sünde, bitte um Vergebung und empfange Gottes Vergebung.
   Vergib denen, die an dir schuldig geworden sind. Lass los und übergib das Gericht an Gott.

2. **Widerstehe:**
   Widerrufe alle Lügen, die Gottes Wahrheit widersprechen und weise
   den damit verbundenen dämonischen Einfluss zurück.

3. **Ersetze:**
   Ersetze die bisherigen Lügen bzw. dein sündhaftes Verhalten durch das, was in Gottes
   Augen wahr und richtig ist. Erneuere dein Denken durch Gottes Wahrheit.

4. **Empfange:**
   Empfange die Erfüllung mit dem Heiligen Geist und freue dich an ihm!

3. Umkehr als Lebensstil pflegen

Frage: Warum tun wir uns schwer oder leisten gar Widerstand, wenn es um das Bekennen unserer Sünde geht?

Vielleicht helfen dir die untenstehenden Beispiele:

- **Scham:** Weil wir Angst vor Blossstellung haben
- **Stolz:** Weil wir gerne glauben, dass wir besser sind, als wir tatsächlich sind (Selbstgerechtigkeit)
- **Angst:** Weil wir befürchten, wenn die Dinge ans Licht kommen, von Gott und den Menschen abgelehnt und bestraft zu werden
- **Unglaube:** Weil wir kein Vertrauen haben, dass Gott nach seiner Gnade handeln und uns freisetzen wird
- **Kontrolle:** Weil wir gerne selbst die Kontrolle behalten und Dinge managen möchten (Rebellion)

F. Zusammenfassung

In diesem Teil haben wir die Grundlagen eines „Lebens in Freiheit" dargestellt, so wie Gott es für einen jeden Menschen gedacht und individuell designt hat. Wir haben auch gesehen: „Leben in Freiheit" geschieht nicht automatisch, sondern ist ein Prozess von geistlichen Transaktionen, mit denen wir uns die verschiedenen Aspekte des Erlösungswerkes von Jesus im Glauben und so wie Gott uns führt, Schritt für Schritt aneignen. Bevor wir uns weiter ins Thema vertiefen, möchten wir betonen, dass es dabei nicht auf unser „Richtigmachen" ankommt, sondern auf Gottes Liebe und auf das, was ER getan hat und wirkt.

Darum ist wichtig, dass wir uns stets vor Augen halten:

• Wir haben in Christus Vergebung, Annahme und Sicherheit – das ist die Grundlage unseres Lebens.

• Wir suchen weder nach Sünde noch konzentrieren wir uns auf sie oder werden gesetzlich. Wir fokussieren uns darauf, Jesus ähnlicher zu werden.

• Wir erlauben dem Heiligen Geist, uns unserer Sünden zu überführen, um uns dann ganz rasch damit zu befassen.

• Wir brauchen uns nie von Gott zurückziehen. Er vergibt uns sofort und vollkommen!

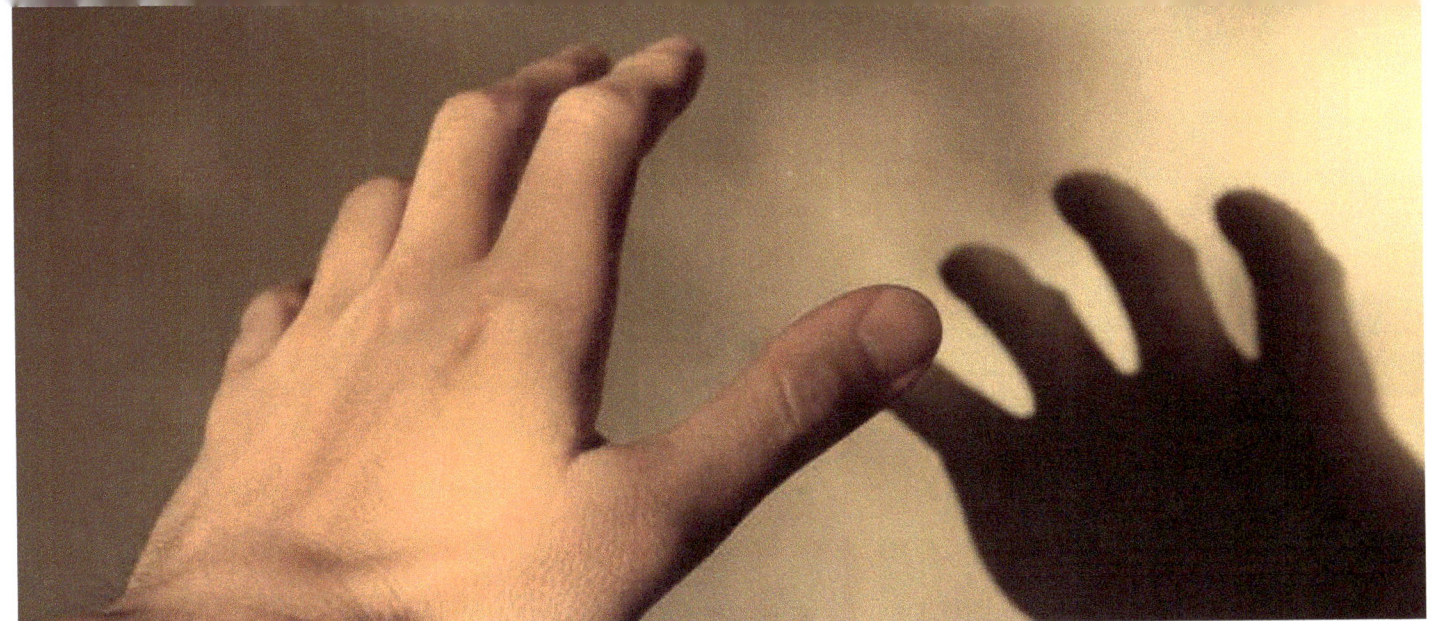

Teil II
Unsere Welt
– zwei Herrschaftsbereiche

A. Sichtbare und unsichtbare Realitäten

Die Bibel lehrt uns, dass die Welt, in der wir leben, in zwei Herrschaftsbereiche aufgeteilt ist: der eine ist der physische Bereich und der andere der geistliche Bereich. „Orientiert euch nach oben, nach den geistlichen Realitäten", schreibt der Apostel Paulus. „Lasst eure Gedanken von den himmlischen oder geistlichen Realitäten prägen und nicht (nur) von den irdischen Dingen!" (Kolosser 3,1 2, freie Übersetzung). In dem einen Bereich – dem natürlichen Herrschaftsbereich – ist es leicht, unsere fünf natürlichen Sinne zu benutzen: Wir sehen mit unseren Augen, hören mit unseren Ohren, wir riechen, schmecken und tasten.

Aber diese fünf Sinne sind in dem anderen Bereich nur von geringem Nutzen. Man könnte sagen, dass der eine (natürliche) Bereich das Reich des Materiellen, und der andere (himmlische) Bereich das Reich des Unsichtbaren ist.

? **Frage:** Welche unsichtbaren Elemente gibt es im natürlichen Bereich? Zähle auf.

_____

_____

_____

_____

In gleicher Weise ist das himmlische Reich nicht weniger „real", nur weil es für unsere Augen unsichtbar ist. Auch wenn diese beiden Bereiche unterschiedlich sind, so haben sie dennoch gleichzeitige Auswirkungen in unserem Leben. Wie funktioniert das? Es gibt viele biblische Berichte, die diese beiden Bereiche aufzeigen, aber nur wenige, die so prägnant und umfassend sind wie der von Hiob.

1. Hiobs Welt bricht zusammen

Lies: Hiob 1,13-19

Beschreibe das Ereignis in deinen eigenen Worten und Gefühlen:

Man beachte, wie Hiobs Unglück sein Leben auf vielfältige Weise beeinflusst:

- Seine Herden und Knechte wurden von benachbarten Stämmen und Völkern angegriffen oder vom Blitz erschlagen – auf diese Weise verlor Hiob sein gesamtes Vermögen.
- Seine Kinder kamen durch einen Sturm ums Leben und seine Ehe war am Zerbrechen.
- Er verlor seine Gesundheit.
- Trotzdem versündigte er sich nicht gegen Gott (Hiob 2,7-10).

2. Ein Blick hinter die Kulissen von Hiobs Katastrophen

Lies: Hiob 1,6-12 und Hiob 2,1-7

Beachte die Ursache von Hiobs Unglück:

- Bei oberflächlicher Betrachtung könnte man den Eindruck bekommen, dass sein Unglück eine rein physische, natürliche oder weltliche Sache ist.
- Wenn man die ersten beiden Kapitel des Buches Hiob liest, erkennt man jedoch, dass die wirkliche Quelle von Hiobs Katastrophen in einer anderen Welt liegt, in einer Welt, die geistlich und unsichtbar ist.

? **Frage:** Was löst diese Geschichte bei dir aus?

3. Eine Welt, zwei Bereiche

Der Apostel Paulus spricht oft von diesem „geistlichen Bereich", doch im Brief an die Epheser ist es das zentrale Thema. Hier wird für den geistlichen Bereich das typisch neutestamentliche Wort epouranios verwendet, welches mit „himmlischer Bereich" oder mit „Himmelswelt" übersetzt wird und insgesamt fünf Mal erwähnt wird (Epheser 1,3.20; 2,6; 3,10; 6,12).

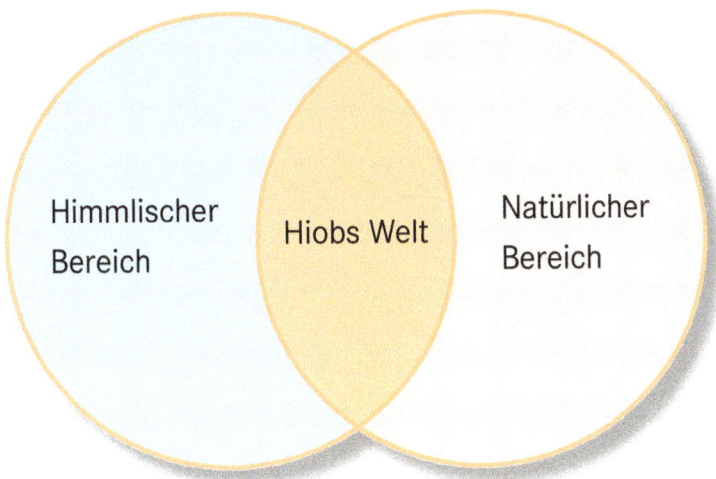

Himmlischer Bereich — Hiobs Welt — Natürlicher Bereich

Der „himmlische" bzw. der unsichtbare oder geistlichen Bereich

Dieser Bereich schliesst alles ein, was geistlich oder unsichtbar ist und in der natürlichen Welt nicht zu sehen ist. Zu den geistlichen Realitäten gehört das Reich Gottes (Gott, Heiliger Geist, Engel, Segen) und das Reich der Finsternis (Dämonen, Flüche).

Der „natürliche" bzw. der sichtbare Bereich des Materiellen

Dieser Bereich schliesst alles ein, was wir durch die natürlichen Sinne in der physischen Welt wahrnehmen können. Beide Bereiche sind vollkommen real und Ereignisse in dem einen haben einen direkten Einfluss auf den anderen.

Wo ist die Schnittstelle zwischen diesen beiden Bereichen? Wie sieht das im realen Leben aus? Daniel 10,2-21 zeigt die Schnittstelle dieser beiden Bereiche auf anschauliche Weise: Der Staatsmann und Prophet Daniel hatte Gottes Angesicht leidenschaftlich gesucht, um einen Einblick in Israels Zukunft zu erhalten. Drei Wochen lang musste er vergeblich auf eine Antwort warten; nichts schien sich zu bewegen. In Wahrheit tobte aber im himmlischen Bereich ein heftiger Kampf.

B. Die Wechselbeziehung zwischen beiden Bereichen

1. Was im himmlischen Bereich geschieht, hat Auswirkungen auf den natürlichen Bereich

Lies: Daniel 10,2-13 und 10,20-21

- Das griechische Weltreich kam erst etwa 200 Jahre später auf die Weltbühne, aber seiner Ankunft ging ein geistlicher Kampf im himmlischen Bereich voraus.
- Daniels Gebet führte dazu, dass Gott einen Engel schickte und dass es zwischen den Engelfürsten im himmlischen Bereich zu einem Kampf kam.
- Es gibt tatsächlich eine Schnittstelle zwischen diesen beiden Bereichen, die mitten durch diese Welt geht – auch in unserem Leben, in unserer Familie, Kultur, Gemeinde, Nation und Kirche.
- Aus diesem Bericht ist zu sehen, dass vieles, was im natürlichen Bereich stattfindet, eine Folge dessen ist, was sich im Himmel abspielt (Epheser 1,3-4).

Im Neuen Testament zeigt sich dies z. B. in folgenden Geschichten:

Lies: Apg 10,1-48 und Apg 16,23-34

Wir können es uns nicht leisten, diese Realität zu ignorieren oder zu leugnen. Wir leben in einer Welt, die zwei Bereiche hat, und wir leben in beiden von ihnen. Wir müssen lernen, folgende Fragen zu stellen:

- Ist meine schlechte Laune etwas, das einfach nur passiert?
- Ist diese Spannung in einer Beziehung etwas, das einfach nur passiert?
- Ist ein ständiger Mangel an Freude oder Eifer nur auf die Persönlichkeit eines Menschen zurückführen?
- Sind Religiosität, Vorurteile und ethnische Säuberungen etwas, das einfach nur passiert?
- Ist schlechte Gesundheit etwas, das einfach nur passiert?
- Sind Hungersnöte etwas, das einfach nur passiert?
- Sind finanzielle Einbrüche etwas, das einfach nur passiert?

? **Frage:** Gibt es eine Situation in deinem Leben, in welcher du eine solche Wechselwirkung dieser beiden Welten erlebt hast?

2. Beide Reiche werden im Leben und Dienst von Jesus anerkannt

Das Leben Jesu war von einem Bewusstsein beider Reiche charakterisiert. Es scheint, dass er an jeder Ecke mit dämonischen Wesen konfrontiert wurde. Jesus merkte, wenn „natürliche" Probleme eigentlich geistlicher Natur waren. Er verstand die Macht des ausgesprochenen Wortes der Heilungen, Segnungen und Flüche.

Lukas 4,40-41 *Als die Sonne unterging, brachten die Leute ihre Kranken, die alle möglichen Leiden hatten, zu Jesus. Er legte jedem Kranken die Hände auf und heilte alle. Von vielen fuhren auch Dämonen aus und schrien: „Du bist der Sohn Gottes!" Da fuhr er sie schroff an und liess sie nicht reden; denn sie wussten, dass er der Messias war.*

Lukas 8,24 *Da traten sie zu ihm und weckten ihn; sie riefen: „Meister, Meister, wir gehen zugrunde!" Er stand auf, drohte dem Wind und den Wellen, und sie legten sich und es trat Stille ein.*

Jesus begegnete Satan direkt in seinem 40-tägigen Kampf während seiner Versuchung in der Wüste (Matthäus 4). Als Jesus zum ersten Mal in einer Synagoge in Kapernaum sprach, hatte er eine Begegnung mit einem Dämon (Markus 1). Er setzte Menschen frei, die von dämonischen Mächten gefangen waren und bezeichnete diese Befreiungen als Teil von Gottes Reich, das auf die Erde kommt (Lukas 11). Ein wichtiger Grund für das Kommen Jesu auf die Erde war, durch seinen Tod und seine Auferstehung die Werke des Teufels zu zerstören (Hebräer 2).

3. Den Dienst von Jesus tun

Nachdem Adam und Eva den Garten Eden verlassen mussten, war das Reich Gottes für uns nicht mehr zugänglich. Als aber Jesus kam, sagte er als Erstes zu seinen Zuhörern: „Kehrt um! Denn das Himmelreich ist nahe" (Matthäus 4,17 NGÜ). Damit machte er deutlich, dass mit seinem Kommen ein neues Zeitalter anfängt und das Reich Gottes für uns Menschen nicht mehr weit entfernt ist.

Wenn wir Jesus als Herrn und Retter annehmen, findet ein geistlicher Herrschaftswechsel statt: Wir werden aus dem Reich der Finsternis herausgeholt und in das Reich Gottes hineinversetzt (Kolosser 1,13-14). In dieser neuen Position haben wir Anteil an seiner Macht, Kraft und Autorität. Das bedeutet aber auch, dass wir damit in einen Krieg zwischen dem Reich Gottes und dem Reich der Finsternis eintreten.

Das Reich Gottes ist zwar schon hier auf dieser Erde, aber es ist noch nicht vollendet. Satan hat noch einen gewissen Handlungsspielraum (Hebräer 2,8). Darum besteht auch noch ein permanenter Konflikt zwischen dem expandierenden Reich Gottes und dem zerstörerischen Reich Satans, bis Jesus wiederkommt. Erst dann wird das Reich Gottes vollendet und die ganze Schöpfung wiederhergestellt. Bis zu diesem Zeitpunkt werden wir es immer noch mit Satan zu tun haben.

Das Neue Testament ist voller Hinweise und Erklärungen, wie wir mit Satan umgehen sollen. Wir sollen ihm einerseits nicht zu viel Aufmerksamkeit schenken, andererseits sollen wir seine Taktiken und seine Strategien nicht ignorieren, sondern aufmerksam und wachsam sein.
Leben in Freiheit besteht darin, dass unsere Sensibilität, sowohl für den himmlischen als auch für den natürlichen Bereich, wiederhergestellt wird. Wir müssen ein Verständnis dafür entwickeln, wie sich diese beiden Bereiche überschneiden.

Epheser 6,12 *Denn wir haben nicht gegen Menschen aus Fleisch und Blut zu kämpfen, sondern gegen die Fürsten und Gewalten, gegen die Beherrscher dieser finsteren Welt, gegen die bösen Geister des himmlischen Bereichs.*

Konkret bedeutet das:

a) Wir können es uns nicht leisten, diesen Kampf zu ignorieren:

Johannes 10,10 *Der Dieb kommt nur, um zu stehlen, zu schlachten [töten] und zu vernichten; ich bin gekommen, damit sie das Leben haben und es in Fülle haben.*

1. Johannes 3,8 *Wer die Sünde tut, stammt vom Teufel; denn der Teufel sündigt von Anfang an. Der Sohn Gottes aber ist erschienen, um die Werke des Teufels zu zerstören.*

2. Korinther 2,10-11 *Wem ihr aber verzeiht, dem verzeihe auch ich. Denn auch ich habe, wenn hier etwas zu verzeihen war, im Angesicht Christi um euretwillen verziehen, damit wir nicht vom Satan überlistet werden; wir kennen seine Absichten nur zu gut.*

b) Christus in uns regiert über den Feind in der Welt

1. Johannes 4,4 *Ihr aber, meine Kinder, seid aus Gott und habt sie besiegt; denn Er, der in euch ist, ist größer als jener, der in der Welt ist.*

c) Durch Christus sind wir freigesetzt, Menschen in Gebundenheit in die Freiheit zu führen

Lukas 10,17-19 *Die Zweiundsiebzig kehrten zurück und berichteten voll Freude: Herr, sogar die Dämonen gehorchen uns, wenn wir deinen Namen aussprechen. Da sagte er zu ihnen: Ich sah den Satan wie einen Blitz vom Himmel fallen. Seht, ich habe euch die Vollmacht gegeben, auf Schlangen und Skorpione zu treten und die ganze Macht des Feindes zu überwinden. Nichts wird euch schaden können.*

d) Mit Christus regieren wir in der unsichtbaren Welt

Epheser 2,6 *Er hat uns mit Christus Jesus auferweckt und uns zusammen mit ihm einen Platz im Himmel gegeben.*

4. Unser modernes Denken widersetzt sich dem biblischen Weltbild

Die geistliche Welt ist eine Realität, die unser Leben beeinflusst. Obwohl wir eine Beziehung zu Jesus haben und dadurch seine Stimme hören können, bleibt das Denken und Handeln vieler Christen weitgehend auf den sichtbaren Bereich beschränkt. Sie suchen nur nach natürlichen Gründen und Lösungen für ein Problem. Gleichzeitig haben sie Mühe „mit den Augen des Glaubens" zu sehen und verlassen sich auf ihre eigenen Möglichkeiten und ihren eigenen Verstand. Sie leben weiterhin mit einem dualistischen Weltbild, in dem der geistliche und natürliche Bereich voneinander getrennt sind.

Kennzeichen einer dualistischen Weltvorstellung sind:
• Eine Überbetonung unserer fünf Sinne.
• Dämonen und böse Geister werden als „primitive Vorstellung" abgetan.
• Paulus beschreibt in 2. Timotheus 3,1-5 den entsprechenden Lebensstil treffend.

Diese Weltanschauung schwächt die Kirche. Menschenangst und Kompromisse dem Wort Gottes gegenüber macht sie lau, frucht- und kraftlos und stärkt einen weltlichen Lebensstil.

Menschlicher Verstand
(Humanistischer Rationalismus)

Wenn man mitten in einer Kultur oder Mentalität lebt, ist es manchmal schwer, ihre Merkmale zu erkennen. Wir realisieren nicht, wie sehr unser Weltbild und unser Denken von einer bestimmten Weltanschauung beeinflusst sind. Die folgende Diagnose soll uns erkennen helfen, ob wir vom westlichen Rationalismus so sehr beeinflusst sind, dass er uns daran hindert, mit einer biblischen Sicht des geistlichen Bereiches zu leben.

❏ Ich betrachte Dinge gerne auf logische Weise. Ich habe Mühe, Dinge anzunehmen, die nicht genau erwiesen und/oder anscheinend unlogisch sind.

❏ Ich empfinde Menschen, die an Engel und Dämonen glauben oder Segen und Flüche ernst nehmen, als „radikal".

❏ Ich suche immer zuerst nach den logischen und natürlichen Gründen für die Ursache eines Problems, bevor ich den Heiligen Geist um Weisheit und Verständnis bitte.

❏ Ich verlasse mich gerne auf meinen Verstand und meine intellektuellen Fähigkeiten, um das Leben zu meistern.

❏ Es fällt mir oft schwer, mit den „Augen des Glaubens" zu sehen. Ich verliere schnell den Mut, weil ich die Macht Gottes zur Veränderung unterschätze.

❏ Meine Familie legt hohen Wert auf klares und logisches Denken und dass man gute, solide Argumente hat für das, was man denkt oder glaubt.

❏ Ich suche kaum nach den unsichtbaren geistlichen Gründen für ein natürliches Problem oder eine Sache (Krankheit, Beziehungsstress, finanzielle Engpässe etc.).

❏ Ich glaube zu verstehen, dass der Kampf vor allem etwas Geistliches ist, aber mir ist wohler dabei, selbst nach einer Lösung zu suchen anstatt Gott zu bitten, dass ich die Situation aus seiner Perspektive sehe.

❏ Ich habe grosse Mühe, zu glauben, dass der unsichtbare Bereich real ist und unseren Alltag beeinflussen kann.

❏ Ich scheine nicht ganz zu begreifen, was es mit dem himmlischen Bereich auf sich hat, und deshalb schenke ich ihm kaum Beachtung.

❏ Ich glaube, dass die Vorstellung von Engeln und Dämonen ein wenig primitiv, abergläubisch und/ oder irrelevant ist.

❏ Ich bin mir sicher, dass ich nur „das Wort" verstehen und danach leben muss. Der übernatürliche Bereich ist nicht meine Verantwortung.

❏ Ich tendiere dazu, dass ich alles und jedes dem Teufel zuschreibe und meine Verantwortung nicht sehe.

Das griechische Verb ist *metanoeo*, was „umdenken" bedeutet. Jesus fordert uns auf, dass wir nicht nur von unseren Sünden umkehren sollen, sondern auch von unserer falschen Weltbild, unseren falschen Vorstellungen und falscher Denkweise. So beginnt die Wiederherstellung unseres ursprünglichen Designs und damit auch ein Lebensstil aus der Kraft Gottes.

Nimm dir Zeit, zu überlegen, wo du in diesem Sinne bei den angekreuzten Punkten umkehren willst. Folgendes Gebet kann dir dabei eine Hilfe sein .

Schritt 1: Bekenne

„Himmlischer Vater, mir ist bewusst geworden, wie stark ich mein Denken und Handeln vom Zeitgeist, der Menschenfurcht prägen liess (zähle auf, was Jesus dir offenbart ....) und damit mein Leben für Kompromisse, Misstrauen, Lauheit, Kraftlosigkeit..... geöffnet habe. Ich bitte dich um Vergebung, dass ich den Lügen des Feindes mehr vertraut habe, als deiner Wahrheit. Ich empfange jetzt durch die Kraft deines Blutes volle Vergebung und Reinigung in meinem Denken und Handeln.

Schritt 2: Widerstehe

Im Namen Jesus stehe ich auf gegen diesen Zeitgeist, _____ und weise ihn im Namen Jesus aus meinem Leben. Ich breche mit der Lüge _____ und bringe sie ans Kreuz.

Schritt 3: Ersetze

Ich ersetze die Lügen mit der Wahrheit. Jesus sagt: Ich bin der Weg, die Wahrheit und das Leben. Niemand kommt zum Vater ausser durch mich (Joh 14,6). Du bist die Quelle aller Wahrheit.

Schritt 4: Empfange

Ich empfange neu deine Fähigkeit, dir ganz zu vertrauen – aus der Kraft deines Geistes.

Stelle dir eine Kirche, Familie oder Gemeinde vor, in der ...

• niemand einen Groll gegen andere hegt
• sich niemand vor anderen versteckt, weil er befürchtet abgelehnt zu werden
• niemand vor den Herausforderungen Gottes zurückweicht, weil er Angst hat, zu versagen
• niemand seine Gaben vergräbt, weil er sich minderwertig oder unbedeutend fühlt
• niemand Angst vor dem Feind hat
• niemand von Götzen wie Geld, Sex oder Macht unterjocht ist
• niemand in Menschenfurcht gefangen ist
• niemand in Passivität oder Apathie fällt
• alle in geistlicher Kraft und Autorität aufstehen, wirklich leben und sich dem Wohl der anderen verpflichtet fühlen.

Das ist der Sinn des Dienstes von Jesus unter uns heute!

C. Der Heilige Geist macht es möglich

Der Heilige Geist bringt alles, was Jesus für uns erkauft hat, von der unsichtbaren Welt in unser Leben: Nähe zu Gott, seine Versorgung, Weisheit, Liebe, Sanftmut, Geduld, Trost, Freude, Glaube, Kraft, Mut, Freiheit, Heilung und Begabungen.

Gott hat uns dies alles zur Verfügung gestellt, damit wir im „natürlichen" wie im „himmlischen", leben können. Er hat uns in seiner göttlichen Macht alles gegeben, was wir zu einem Leben in wahrer Frömmigkeit brauchen (2. Petrus 1,3). Das Fundament ist natürlich unsere Erlösung durch Jesus Christus. Aber er hat uns auch eine Beziehung mit dem Heiligen Geist geschenkt, die uns erlaubt, dass wir in der Kraft Gottes im natürlichen Bereich tätig sein können.

1. Wer ist der Heilige Geist?

Der Heilige Geist ist keine undefinierbare Macht, sondern souveräner Gott und wie Gott-Vater und Gott-Sohn eine göttliche Person der Dreieinigkeit. Er kann sich uns mitteilen. Seit der Schöpfung ist er in der Welt aktiv (1. Mose 1,1-3). Heute wirkt er besonders in und durch Menschen, die Jesus Christus angenommen haben. In dieser Weise führt der Heilige Geist das Wirken von Jesus Christus in der Welt fort.

Helfer von oben	Joh 15,26
Begleiter Tröster	Joh 15,16
Kraft aus der Höhe	Lk 1,35 / Apg 1,8
Lehrer, Leiter	Joh 16,13-14
Die Verheissung des Vaters	Apg 1,4
Beistand	Joh 14,15
Salbung	1. Joh 2,27
Speise	Joh 6,27
Herr	2. Kor 3,17-18
Geist der Wahrheit	Joh 14,17
Geist der Weisheit usw.	Jes 11,2
Lebendiges Wasser	Joh 7,3
Geist Gottes	Jes 61,1 / 1. Kor 6,11

2. Der Heilige Geist hilft uns ...

• ...unsere göttliche Identität zu empfangen und darin zu wachsen.

• ...Gott und seinen Wegen mehr zu vertrauen und in ihnen zu wandeln.

• ...mit seiner Liebe, Freude, Langmut, Freundlichkeit, Güte, Treue, Sanftmut, Selbstbeherrschung erfüllt zu werden. So lernen wir ihn immer besser kennen und werden ihm ähnlicher.

• ...über die Sünde zu triumphieren, weil wir die Kraft seiner Auferstehung in unserem Leben erfahren.

• ...mutigere Zeugen von Jesus zu sein, weil wir seine Auferstehungskraft in unserem Leben erfahren.

• ...den Auftrag Jesu Christi in unserem Leben umzusetzen.

• ,...anderen Menschen auf übernatürliche Weise zu dienen und gleichzeitig geistliche Frucht zu bringen, weil wir die Auferstehungskraft von Jesus in unserem Leben erfahren.

3. Die Erfüllung und Bevollmächtigung mit dem Heiligen Geist ist notwendig und für die Gläubigen ein Gebot

Um ein Leben zu leben, das den Feind überwindet, ist die Erfüllung mit dem Geist Gottes absolut notwendig. Um im Gehorsam Gott gegenüber zu leben, sind wir ebenfalls angewiesen mit Gottes Geist erfüllt zu sein, denn eine Aufgabe des Heiligen Geistes ist es, uns zu führen (Galater 5,18). Wir müssen uns darum ihm unterordnen und lernen, seine Stimme zu hören. Es gehört zu unserer neuen Identität als Bürger des Reiches Gottes, dass wir nicht auf unsere fünf Sinne beschränkt leben, sondern offene Herzensohren und -augen bekommen und unsere Perspektive auf das richten, was **Gott** möglich ist und was er uns sagt (Epheser 1,18).

Die Bibel fordert uns auf, ein Leben zu führen, das ständig vom Heiligen Geist erfüllt wird.

Epheser 5,18 *Berauscht euch nicht mit Wein – das macht zügellos –, sondern lasst euch vom Geist erfüllen!*

4. In der Fülle des Heiligen Geistes leben

Jeder von uns bekommt den Heiligen Geist bei seiner Bekehrung. Es gibt in unserem Leben aber Zeiten, die mehr Kraft verlangen, um bestimmten Versuchungen zu widerstehen, um ein Leben der Heiligung zu führen oder um Gott zu dienen. Wir brauchen die Kraft des Heiligen Geistes auf eine bestimmte und kraftvolle Weise, die über das normale Mass der Erfüllung mit Heiligem Geist hinausgeht. Der Apostel Petrus lebte z. B. seit Pfingsten mit dem Heiligem Geist, aber er wurde mehrere Male besondere mit dem Heiligem Geist erfüllt, so wie auch andere Gläubige.

Apostelgeschichte 4,8 *Da sagte Petrus zu ihnen, erfüllt vom Heiligen Geist: „Ihr Führer des Volkes und ihr Ältesten!"...*

Das könnte man als Bevollmächtigung oder Salbung beschreiben.

5. Erwarte jeden Tag sein Wirken

Die Erfüllung mit dem Heiligen Geist kann sich je nach Mensch und Situation unterschiedlich äussern. Auf unserem Lebensweg mit Gott werden wir erleben, wie sich das Wirken des Heiligen Geistes klar zeigt und auf verschiedene Arten freigesetzt wird. Das wird uns zutiefst berühren und in der Folge zu deutlichen Veränderungen unseres Lebens führen.

Lies: Römer 5,5

? **Frage?** Wie manifestiert sich Gottes Liebe in deinem Leben?

- Es wird sich in unserem Leben wahrscheinlich immer mehr eine Kombination verschiedener Aspekte und Ausdrucksweisen des geisterfüllten Lebens zeigen.
- Die Erfüllung mit dem Heiligem Geist wird uns besonders in Zeiten des Leidens bewusst, wenn wir ganz auf Gott angewiesen sind.
- Im Alten Testament wird z. B. von Menschen berichtet, die etwas prophezeiten oder in bestimmten Situationen aussergewöhnliche Kräfte und übernatürliche Fähigkeiten bekamen. Im Neuen Testament sehen wir, dass Menschen prophetisch reden, in Zungen sprechen, zu einem übernatürlichen, überzeugenden Zeugnis bevollmächtigt werden, voll Freude im Leiden sind oder geheilt werden, um nur einige Beispiele zu nennen.

Die Erfüllung mit dem Heiligem Geist geht normalerweise kontinuierlich und stufenweise vor sich und hängt von einem konsequenten Umsetzen von Gottes Wort, Gebet und Gehorsam ab. Der Theologe Wayne Grudem verwendet eine Analogie, um die Erfüllung mit dem Heiligen Geist zu veranschaulichen: Er vergleicht sie mit dem Füllen eines Luftballons mit Luft im Gegensatz zum Füllen eines Glases mit Flüssigkeit. Eine Flüssigkeit kann das Volumen des Glases nicht ausdehnen, aber das Volumen eines Ballons wird durch zunehmende Luft vergrössert. So ist es auch mit unserem Leben: Wenn wir immer mehr mit dem Heiligen Geist erfüllt werden, wird auch unser Fassungsvermögen, Gottes übernatürliches Kraft in unserem Leben zu erleben und auszuüben, zunehmen.

D. L. Moody (ein Evangelist des 19. Jahrhunderts, der von Gott sehr gebraucht wurde) erfuhr nach seiner Bekehrung ein deutliches Wirken des Heiligen Geistes, das er „Taufe im Heiligen Geist" nannte. Er sagt: *„Eines Nachts, im Zentrum von New York – o, welch ein Tag! – ich kann es nicht beschreiben, ich spreche nur selten davon; es ist fast eine zu heilige Erfahrung, um darüber zu sprechen. Paulus hatte eine Erfahrung, über die er vierzehn Jahre lang nicht reden konnte. Ich kann nur sagen, dass ich Gott begegnet bin und seine Liebe auf so überwältigende Weise erfahren habe, dass ich ihn bitten musste, damit aufzuhören. Als ich dann wieder predigte, waren meine Predigten nicht anders. Ich präsentierte keine neuen Wahrheiten, aber es bekehrten sich Hunderte. Ich möchte diese gesegnete Erfahrung um nichts in der Welt missen."* (Dwight L. Moody Directory)

6. Sich auf die Erfüllung mit dem Heiligen Geist vorbereiten

Die Erfüllung mit dem Heiligen Geist kann ähnlich wie die Erfahrung unserer ersten Hinwendung und Lebensübergabe an Jesus Christus sein, wenn Gott unsere Sünden vergibt und uns ewiges Leben schenkt – man bittet und bekommt. Der Heilige Geist kann auch dadurch empfangen werden, dass uns andere die Hände auflegen. Wenn Gott es möchte, können wir aber auch spontan mit dem Heiligen Geist erfüllt werden.

Apostelgeschichte 19,2.6 *Er traf einige Jünger und fragte sie: „Habt ihr den Heiligen Geist empfangen, als ihr gläubig wurdet?" Sie antworteten ihm: „Wir haben noch nicht einmal gehört, dass es einen Heiligen Geist gibt". [...] Paulus legte ihnen die Hände auf, und der Heilige Geist kam auf sie herab; sie redeten in Zungen und weissagten.*

Die Erfüllung mit dem Heiligen Geist ist in erster Linie ein Werk Gottes, doch wir sind dafür verantwortlich, unser Leben so zu führen, dass es vom Heiligen Geist erfüllt wird. Es handelt sich wieder um eine menschlich-göttliche Kooperation, eine Transaktion, die Gottes Werk ist, aber davon abhängt, dass ein Mensch die Initiative ergreift und seinen Teil dazu beiträgt. So wie der Bediener eines Heissluftballons das Feuer „anheizen" und den Ballon mit mehr Luft füllen kann, damit er höher steigt, gibt es auch einige Dinge, die wir selbst tun können, um das geistliche Feuer anzufachen, damit die Kraft des Heiligen Geistes in unserem Leben mehr Raum bekommt.

1. Erforsche dein Herz, und kehre um in Bezug auf jede Sünde, die dir bewusst ist (Psalm 139,23-24; 2. Chronik 7,14).

2. Stelle dein ganzes Leben Gott zur Verfügung (Römer 12,1).

3. Bekenne, dass du Gott brauchst und von ihm abhängig bist.

4. Bitte Gott im Glauben, dass er dich von neuem mit Heiligem Geist erfüllt und bevollmächtigt (Apostelgeschichte 4,29-31).

5. Glaube, dass Gott dein Gebet beantwortet und lebe danach. Danke Gott für sein Wirken in deinem Leben.

Bei all dem ist es wichtig, dass wir verstehen, dass die Erfüllung mit dem Heiligen Geist durch unsere Beziehung mit Gott und durch unseren Lebensstil entsteht. Du wirst nicht mehr anders leben wollen, als von Heiligem Geist erfüllt zu sein und in seiner Kraft zu leben. Dieses übernatürliche „Leben in Freiheit", das sich sowohl im himmlischen wie im natürlichen Bereich voll engagiert, ist allein durch den Heiligen Geist möglich!

NOTIZEN

Zeit für Dich

**Nimm dir einen Moment Zeit
und bringe deine Bitte direkt vor den Thron Gottes.**

Folgendes Gebet kann dir dabei eine Hilfe sein:

„Vater im Himmel! Ich nehme es jetzt im Glauben an und danke dir, dass du mich als dein Kind angenommen hast, weil Jesus Christus am Kreuz meine Schuld bezahlt und mich durch sein Blut gerecht gemacht hat. Ich habe erkannt: Ich brauche für mein Leben die Weisung und die Kraft deines Heiligen Geistes. So unterordne ich jetzt im Glauben mein ganzes Leben der Herrschaft von Jesus Christus und den guten Absichten, die ER für mein Leben hat. Insbesondere löse ich mich bewusst von _____

_____

_____

_____

_____

_____

(hier konkret Dinge, Menschen, Ängste und anderes benennen, von dem du spürst, dass es dem Heiligen Geist im Weg steht).

Ich bitte dich, mich jetzt mit dem Heiligen Geist zu erfüllen, so wie du es versprochen hast. Im Glauben danke ich dir dafür. Amen."

Teil III
Unsere übernatürliche Kraft und Autorität verstehen

Es ist das staunenswerte Recht und Privileg eines jeden Christen, aus Gottes übernatürlicher Kraft zu leben, so wie Jesus es versprochen hat. Die Urgemeinde hat diese Kraft empfangen und daraus gelebt. Paulus sagte sogar, dass das Wirken des Heiligen Geistes in und durch uns unsere Visitenkarte, unsere Empfehlung ist (2. Korinther 6,6-7 NGÜ).

Das Wort „Kraft" ist eine Übersetzung des griechischen Wortes *dynamis*, das auch **Stärke, Macht oder Fähigkeit**[1] bedeutet. Es verweist auf die im Wesen einer Person oder Sache innewohnende Kraft und Fähigkeit, Wunder zu wirken, eine Veränderung herbeizuführen.

Im Leben Jesu und in seinem Dienst gibt es aber noch eine weitere wichtige Komponente. Das Lukasevangelium berichtet von Menschen, die erstaunt und erschrocken von ihm sagen: „Was ist das für ein Wort? Mit Vollmacht und Kraft befiehlt er den bösen Geistern, und sie fliehen" (Lukas 4,36). Obwohl Jesus wahrer Gott war, lebte er ganz als Mensch – ausgestattet mit der Kraft Gottes. Darüber hinaus besass er auch die Autorität Gottes.

„Autorität" ist eine Übersetzung des griechischen Wortes *exousia*. Es wird manchmal auch mit „Vollmacht" übersetzt, bezieht sich aber mehr auf die verliehene Vollmacht, das heisst, auf das **Recht oder Privileg**, Autorität auszuüben. Es kann auf die Vollmacht einer Regierung verweisen, oder auf die Vollmacht einer Person oder Behörde, deren Willen und Befehl sich andere unterordnen müssen.[2]

Jesus hat in seinem ganzen Leben sowohl übernatürliche Kraft (*dynamis*) als auch Autorität (*exousia*) bewiesen. Er hat jeder Versuchung Satans widerstanden. Er hat Satans Reich an jeder Front überwunden – indem er in Gottes Willen wandelte, Menschen heilte und von Dämonen befreite. Wo immer Jesus auftauchte, musste Satan fliehen!

A. Christi übernatürliche Kraft und Autorität

1. Christi Autorität ist die höchste Autorität

Epheser 1,18-22 *Er erleuchte die Augen eures Herzens, damit ihr versteht, zu welcher Hoffnung ihr durch ihn berufen seid, welchen Reichtum die Herrlichkeit seines Erbes den Heiligen schenkt und wie überragend groß seine Macht sich an uns, den Gläubigen, erweist durch das Wirken seiner Kraft und Stärke.*
Er hat sie an Christus erwiesen, den er von den Toten auferweckt und im Himmel auf den Platz zu seiner Rechten erhoben hat, hoch über alle Fürsten und Gewalten, Mächte und Herrschaften und über jeden Namen, der nicht nur in dieser Welt, sondern auch in der zukünftigen genannt wird.
Alles hat er ihm zu Füßen gelegt und ihn, der als Haupt alles überragt, über die Kirche gesetzt.

- Vierzig Tage, nachdem Jesus aus dem Grab auferstanden war, fuhr er in den Himmel auf. Dort ehrte ihn Gott, indem er ihn den Platz zu seiner Rechten zuwies – eine symbolische Geste für die Übertragung von Macht und Autorität.

- Jesus hat diesen Platz auch jetzt inne, aber er sitzt nicht irgendwo im Himmel, in einem weit entfernten Winkel des Universums. Er ist sehr gegenwärtig im unsichtbaren Bereich.

- Jesus ist die höchste Autorität über alle Geistwesen im unsichtbaren Bereich – einschließlich Satan (Hesekiel 28,17-19; Jesaja 14,12-15).

- Niemand und nichts hat mehr Autorität oder größere Macht als Jesus. Gott hat ihm alles unterworfen.

2. Jesus diente unter der Autorität Gottes

Jesus, der sowohl wahrer Gott als auch wahrer Mensch war, diente als ein Mensch, der unter der Autorität Gottes, des Vaters, stand. Er wirkte nie ausserhalb von Gottes Leitung und Autorität. Er traf keine unabhängige Entscheidung, was er tun oder nicht tun sollte. Er sagte nichts, es sei denn, dass er vom Vater hörte, er solle sprechen (siehe Johannes 8,26; 12,49).

Jesus hat sich Gott, dem Vater, demütig untergeordnet und alles, was er tat, in und unter seiner Autorität getan. Auf diese Weise lebte er „gesalbt", das heißt bevollmächtigt vom Heiligen Geist. Jesus, der sowohl wahrer Gott als auch wahrer Mensch war, diente als ein Mensch, der unter der Autorität Gottes, des Vaters, stand.

Johannes 5,30 *Von mir selbst aus kann ich nichts tun; ich richte, wie ich es (vom Vater) höre, und mein Gericht ist gerecht, weil es mir nicht um meinen Willen geht, sondern um den Willen dessen, der mich gesandt hat.*

Johannes 7,16 *Darauf antwortete ihnen Jesus: «Meine Lehre stammt nicht von mir, sondern von dem, der mich gesandt hat.»*

Johannes 8,26-28 *Ich hätte noch viel über euch zu sagen und viel zu richten, aber er, der mich gesandt hat, bürgt für die Wahrheit, und was ich von ihm gehört habe, das sage ich der Welt. Sie verstanden nicht, dass er damit den Vater meinte. Da sagte Jesus zu ihnen: «Wenn ihr den Menschensohn erhöht habt, dann werdet ihr erkennen, dass Ich es bin. Ihr werdet erkennen, dass ich nichts im eigenen Namen tue, sondern nur das sage, was mich der Vater gelehrt hat.»*

Johannes 12,49-50 *Denn was ich gesagt habe, habe ich nicht aus mir selbst, sondern der Vater, der mich gesandt hat, hat mir aufgetragen, was ich sagen und reden soll. Und ich weiß, dass sein Auftrag ewiges Leben ist. Was ich also sage, sage ich so, wie es mir der Vater gesagt hat.*

Weil Jesus unter einer Autorität diente, war er fähig, in grosser Autorität zu dienen. Es ist entscheidend, dass auch wir lernen, unter der Autorität zu leben und zu wirken, indem wir uns Gott und den Autoritätsstrukturen, die er in unser Leben gesetzt hat, unterordnen. Dann kann Gottes Kraft in und durch uns fliessen, und wie Jesus werden wir göttliche Vollmacht haben.

3. Wir brauchen Jesu Autorität und Kraft, um seinen Dienst weiterführen zu können

Um wirklich „in Freiheit zu leben" – und den Dienst von Jesus auf Erden so weiterführen zu können, wie er und die Urgemeinde es getan haben – müssen wir aus Gottes Kraft und Autorität leben. Als Nachfolger Jesu Christi werden wir entdecken, dass wir Gottes übernatürliche Kraft in unserem Leben brauchen, um der Mensch zu sein, den wir sein sollen, um so zu leben, wie wir leben sollen und das zu tun, was wir tun sollen. Das ist der Grund, warum „Jesus seine Jünger zu sich rief und ihnen Autorität über alle Dämonen und die Macht zur Heilung von Krankheiten gab" (Lukas 9,1). Das ist der Grund, warum Jesus vor seiner Himmelfahrt den Jüngern sagte, sie sollten darauf warten, bis der Heilige Geist vom Himmel käme und sie mit der Kraft Gottes erfüllte.

Lukas 24,49 *Und ich werde die Gabe, die mein Vater verheißen hat, zu euch herabsenden. Bleibt in der Stadt, bis ihr mit der Kraft aus der Höhe erfüllt werdet.*

Apostelgeschichte 1,8 *Aber ihr werdet die Kraft des Heiligen Geistes empfangen, der auf euch herabkommen wird; und ihr werdet meine Zeugen sein in Jerusalem und in ganz Judäa und Samarien und bis an die Grenzen der Erde.*

4. Der Unterschied zwischen Autorität und Kraft

Obwohl Gottes Autorität (oder Vollmacht) und Kraft untrennbar miteinander verbunden sind, gibt es doch einen deutlichen Unterschied zwischen der Autorität Gottes und der übernatürlichen Kraft Gottes. Wir haben gesehen, dass Jesus Gottes Autorität und Kraft hatte. Auf gleiche Weise hat Jesus seinen Jüngern sowohl Autorität als auch Kraft gegeben.

Lukas 4,36 *Da waren alle erstaunt und erschrocken, und einer fragte den andern: Was ist das für ein Wort? Mit Vollmacht und Kraft befiehlt er den unreinen Geistern, und sie fliehen.*

Lukas 9,1 *Dann rief er die Zwölf zu sich und gab ihnen die Kraft und Vollmacht, alle Dämonen auszutreiben und die Kranken gesund zu machen.*

Autorität (exousia) ist das Recht zu herrschen

Autorität beruht auf einer Position, die einer Person das Recht gibt, innerhalb der Grenzen und des Umfangs dieser verliehenen Autorität zu herrschen. Man könnte das den Machtbereich nennen.
Ein Polizeibeamter hat z. B. in einem von der Regierung seines Landes festgelegten Bereich Autorität. Er hat aber keine Autorität, um in anderen Bereichen über Menschen zu herrschen. Er kann z. B. nicht in das Hauptquartier eines Bataillons einmarschieren und den Soldaten militärische Anweisung geben, und er hat auch keine Autorität über die Bürger in einem anderen Land.

Die Bibel drückt sich klar aus: Gott hat die Autorität, die er Christus gab, auch uns, seinen Jüngern, gegeben, damit wir seinen Auftrag, das Königreich Gottes innerhalb seiner Rahmenbedingungen zu bauen, ausführen.

Kraft (dynamis) ist die Fähigkeit zu herrschen

Kraft ist die Fähigkeit einer Person, Gottes Autorität auszuüben. Anders gesagt, hängt die Kraft Gottes von der Fähigkeit einer Person ab, die Autorität, die jedem Christen gegeben wurde, auszuüben. Durch unsere Erlösung durch Jesus Christus ist unsere Autorität absolut; die Kraft die der einzelne Gläubige ausübt, ist jedoch relativ. Wir werden feststellen, dass Sünde und Festungen die Kraft Gottes in einem Christen beeinträchtigen können. Die Bibel weist darauf hin, dass Sünde und Festungen des Unglaubens, der Furcht, des Stolzes, der Minderwertigkeit und viele andere die Kraft Gottes in seinem Volk schwächt. Sogar Jesus konnte in Nazareth wegen ihrem Unglauben nicht viele Wunder tun (Markus 6,6).

B. Jesus gibt uns seine Autorität

Die Bibel sagt uns, dass wir Menschen uns von Natur aus nicht nach Gott richten, sondern uns von Eigeninteressen und Selbstsucht leiten lassen, ja, geradezu darin gefangen sind. In Epheser 2,1-3 lesen wir, dass wir stärker im Einflussbereich des Bösen und widergöttlicher Mächte stehen, als uns bewusst ist. Doch Jesus ist genau dafür gekommen, um uns durch seinen Tod und seine Auferstehung aus all dem zu befreien und uns zu sich in seinen Herrschaftsbereich der Liebe und des ewigen Lebens zu versetzen. Durch Jesus ist uns die Autorität gegeben, um in Freiheit zu leben und andere Menschen in die Freiheit zu führen.

Epheser 2,4-6 *Gott aber, der voll Erbarmen ist, hat uns, die wir infolge unserer Sünden tot waren, in seiner großen Liebe, mit der er uns geliebt hat, zusammen mit Christus wieder lebendig gemacht. Aus Gnade seid ihr gerettet. Er hat uns mit Christus Jesus auferweckt und uns zusammen mit ihm einen Platz im Himmel gegeben.*

Das ist eine Tatsache, die schon heute Realität ist. Wir besitzen schon jetzt durch Jesus Christus jeden geistlichen Segen im himmlischen Bereich (Epheser 1,3).

Lukas 9,1.17-19 *Dann rief er die Zwölf zu sich und gab ihnen die Kraft und Vollmacht, alle Dämonen auszutreiben und die Kranken gesund zu machen. [...] Die Zweiundsiebzig kehrten zurück und berichteten voll Freude: „Herr, sogar die Dämonen gehorchen uns, wenn wir deinen Namen aussprechen". Da sagte er zu ihnen: „Ich sah den Satan wie einen Blitz vom Himmel fallen. Seht, ich habe euch die Vollmacht gegeben, auf Schlangen und Skorpione zu treten und die ganze Macht des Feindes zu überwinden. Nichts wird euch schaden können".*

Alle Gläubigen bekommen die Autorität von Jesus

Jesus sagte zu den Jüngern: „Amen, ich versichere euch: Wer im Glauben mit mir verbunden bleibt, wird die gleichen Taten vollbringen, die ich tue. Ja, er wird sogar noch grössere Taten vollbringen" (Johannes 14,12). Jesus wollte nicht, dass wir ihm alle Arbeit überlassen, um die gute Nachricht auf Erden zu verkünden. Er wollte auch nicht, dass seine Autorität und Kraft mit den ersten Jüngern ausstirbt. Er wollte seine Autorität und Kraft tatsächlich mit allen seinen Nachfolgern teilen!

Lies: Matthäus 28,18; Johannes 17,18.20-21; Epheser 1,18-22; 2,6; Jakobus 5,17-18

? Frage? Welche Möglichkeiten eröffnen sich dadurch für dich?

C. Wir empfangen diese Autorität bei der Bekehrung

1. Als Christen herrschen wir mit Jesus

- Jesus herrscht über den ganzen Himmel, er hat die höchste Autorität inne, und wir herrschen mit ihm (Epheser 1,20–21; 2,6).
- Wir haben Anteil an der Autorität Jesu im himmlischen Bereich.
- Wir verkünden den Mächten und Gewalten der himmlischen Welt den ganzen Reichtum der Weisheit Gottes (Epheser 3,10); das heisst, wir haben das Recht und die Verantwortung, uns auf Gottes Autorität zu berufen, ähnlich wie ein Staatsbeamter von seiner Regierung beauftragt wird, dem Gesetz Geltung zu verschaffen und es durchzusetzen.

Kolosser 2,9-10 *Denn in ihm allein wohnt wirklich die ganze Fülle Gottes. Durch ihn seid auch ihr davon erfüllt; denn er ist das Haupt aller Mächte und Gewalten.*

Lies: Kolosser 2,13-15

Ungläubige	Gläubige	
Jesus Christus Epheser 1,22	**Jesus Christus** Epheser 1,22	Dies repräsentiert die Hierarchie der geistlichen Welt. Bemerke, dass wenn eine Person Christ wird, nimmt er/sie neu den Platz direkt unter Jesus Christus ein.
	Gläubige Epheser 2,6	
Satan Epheser 2,2	**Satan** Epheser 2,2	
Geister Lukas 13,11	**Geister** Lukas 13,11	
Menschen 1. Mose 1,26	**Menschen** 1. Mose 1,26	
Tiere Psalm 8,6-8	**Tiere** Psalm 8,6-8	

Adam hatte sich Satan untergeordnet und ihm damit Autorität, d.h. die Herrscherposition über die Welt, übertragen (1. Johannes 5,19). Jesus als Mensch (der „letzte Adam") hat sich Gott untergeordnet und dadurch die Herrscherposition für seine Nachfolger wieder zurückgewonnen und das Reich Gottes auf die Erde gebracht (Philipper 2,5-11; Lukas 10,18-19).

Diese Tatsache eröffnet uns eine total andere Perspektive. Anstatt als Opfer von Satan in seiner Abhängigkeit zu bleiben, bist du als Kind Gottes, des Königs der Könige, berufen, königlich zu regieren. Diese Position gehört zu unserem ursprünglichen Design. Wir sind nicht mehr machtlos dem Einfluss Satans ausgeliefert, sondern haben die Autorität ihm zu widerstehen.

Wie bekommt man Anteil an dieser Autorität Jesu Christi? Die Erlösung durch Jesus Christus und die Vergebung unserer Sünden verschafft uns Zugang zu seiner Autorität. Wenn du in aufrichtigem Glauben gebetet und Jesus Christus in dein Leben aufgenommen hast, kannst du sicher sein, dass dieser geistliche Herrschaftswechsel bei dir stattgefunden hat.

Römer 10,13 *Denn jeder, der den Namen des Herrn anruft, wird gerettet werden.*

2. Korinther 5,17 *Wenn also jemand in Christus ist, dann ist er eine neue Schöpfung: Das Alte ist vergangen, Neues ist geworden.*

Schamfreie Zone:

Im welchem Bereich deines Lebens willst du die Autorität und Kraft von Jesus einsetzen? Was hindert dich daran? Was würde sich ändern?

2. Mit der Erlösung haben wir die Fülle von Christus

Jesus Christus wohnt in uns

Der Apostel Paulus gebraucht in seinen Schriften mindestens 86 Mal den Ausdruck „in Christus". Das Hauptmerkmal der neuen Schöpfung (2. Korinther 5,21), ist die Tatsache, dass Christus durch seinen Geist in uns lebt. Dadurch haben wir eine neue Identität, eine neue Natur, die göttlich und übernatürlich ist. Alles, was Christus gehört, gehört mit unserer Erlösung auch uns.

Galater 2,19b-20 *Ich bin mit Christus gekreuzigt worden; nicht mehr ich lebe, sondern Christus lebt in mir. Soweit ich aber jetzt noch in dieser Welt lebe, lebe ich im Glauben an den Sohn Gottes, der mich geliebt und sich für mich hingegeben hat.*

Kolosser 1,27 *Ihnen wollte Gott zu erkennen geben, was der Reichtum der Herrlichkeit dieses Geheimnisses unter den Nationen sei, und das ist: Christus in euch, die Hoffnung der Herrlichkeit.*

In Christus haben wir die Fülle

Kolosser 2,9-10 *Dabei ist es doch Christus, in dem die ganze Fülle von Gottes Wesen in leiblicher Gestalt wohnt. Und ihr habt an dieser Fülle teil, weil ihr mit Christus verbunden seid – mit ihm, der das Oberhaupt aller Mächte und Gewalten ist.*

Das Wort „Fülle" kommt vom griechischen Wort pleroma. Es bedeutet „vollständig, voll, ohne Mangel, perfekt, ganz, vollkommen." Durch Christus in uns haben wir Anteil an jeder übernatürlichen Ressource, Segnung und an jedem Erbteil, das wir brauchen, um so zu leben wie er!

Die Herrlichkeit von Jesus Christus wohnt in uns

Im AT offenbart sich Gottes Herrlichkeit durch Rauch, Feuer, Erdbeben, Blitze usw. (2. Mose 19). Wir sehen dasselbe, als Mose die Stiftshütte (2. Mose 40) und später die Priester den Tempel einweihten (2. Chronik 7,1-2) und wegen Gottes Gegenwart nicht mehr betreten konnten. Petrus, Jakobus und Johannes erlebten die Verklärung von Jesus auf dem Berg. In jedem Bericht waren die Menschen von der manifesten (offenbarten) Herrlichkeit Gottes überwältigt. In der Bibel steht sehr deutlich, dass alle Christen dieselbe Herrlichkeit in ihrem leiblichen Körper tragen – eine sehr kraftvolle Realität.

Lies: 2. Korinther 4,6-7

? Frage: Wie möchtest du, dass sich die Herrlichkeit / Gegenwart Gottes in deinem Leben offenbart?

_____

_____

_____

_____

Wir sind in Gottes Liebe völlig sicher und geborgen

Lies: Johannes 17,21-23 und Epheser 3,18-20

? Frage: Was sagen diese beiden Stellen bezüglich Gottes Priorität und seiner Strategie für unsere Verwandlung in sein Bild?

_____

_____

_____

_____

D. Dem Reich des Widersachers biblisch und mutig entgegentreten

Wenn wir mit Christus in die Herrlichkeit Gottes erhöht werden, befinden wir uns in einer Position der Autorität und Verantwortung in einem kosmischen Krieg – einem Krieg zwischen dem Reich Gottes und dem Reich Satans. Wir dürfen nicht vergessen, dass diese Reiche nicht gleich stark sind. Der Kampf der seit Satans Rebellion in den Himmeln tobt, ist ein Aufstand einer schwächeren Macht gegen eine viel grössere und stärkere Macht. Gott hat letztlich immer noch alles unter Kontrolle.

Dennoch toben um uns herum geistliche Kämpfe, die wir im Natürlichen erleben. Wir müssen lernen, unsere mächtigen geistlichen Waffen einzusetzen, unsere Autorität auszuüben und den Kampf im himmlischen Bereich zu führen. Damit erobern wir Territorium zurück, das der Feind im Leben der Menschen und in der Welt eingenommen hat. Das Leben Jesu ist für uns ein Vorbild, wie wir leben sollen und wie die Kirche heute ihre Arbeit ausführen soll.

Wir müssen unsere Waffen benutzen, indem wir:

- Gottes Wahrheiten proklamieren und darauf vertrauen.
- den Lügen des Teufels widerstehen.
- Anbetung im Kampf einsetzen (2. Chronik 20,20-30).
- einen Lebensstil aus der Vergebung und des Vergebens leben.

Die einzigen Waffen des Feindes sind:

Lügen, Tarnungen, Täuschungen, Einschüchterung und Verbreitung von Angst.

Er kann den Machtkampf mit Gottes Kindern, die sich auf die Gerechtigkeit, Heiligkeit und Autorität Christi berufen, nicht aushalten. Setze deine Autorität ein!

Gibt es in deinem Leben einen Bereich, der nicht mit den Werten vom Reich Gottes übereinstimmt und dein Design verhindert? Genau dort versucht der Feind durch Entmutigung, Auflehnung, Irritation usw. dein Land streitig zu machen. Dafür benutzt er Versuchungen, Ängste, Lügen über Gott und uns selber. Er missbraucht dafür auch Umstände wie Krankheit, finanzielle Engpässe oder Beziehungsprobleme um Hoffnungslosigkeit zu verbreiten.

In Jakobus 4,7 gibt Gott uns eine Verheissung, dass der Teufel von uns flieht, wenn wir ihm widerstehen. Es heisst nicht, dass er davon ablässt, wenn wir ihn ignorieren. Daher: Entledige Dich jeglicher Passivität und widerstehe dem humanistischen Denken, welches uns von Gottes Möglichkeiten abhalten will. Beginne deine Autorität in Christus anzuwenden. Gerade jetzt!

Schamfreie Zone:

Welches Thema legt dir der Heilige Geist jetzt ans Herz?

---

[1] Kittel, G., Friedrich, G., & Bromiley, G. W. (1955 u. 1985): Theologisches Wörterbuch zum Neuen Testament, S. 187. Grand Rapids, Mich.: W. B. Eerdmans.

[2] Arndt, W., Gingrich, F. W., Danker, F. W., & Bauer, W. (1999 u. 1979): Griechisch-deutsches Wörterbuch zu den Schriften des Neuen Testaments und der übrigen urchristlichen Literatur, S. 277. Chicago: University of Chicago Press. 4. Revidierte und erweiterte Auflage.

Teil IV
Festungen/Bindungen

A. Festungen und Bindungen verstehen

Jeder, der sich vor mehr als fünf Minuten bekehrt hat, weiss, dass Christen immer noch sündigen. Wer von uns könnte den verzweifelten Kampf des Paulus nicht verstehen?

<mark>Lies: Römer 7,8-25</mark>

Schamfreie Zone:

Beschreibe den Konflikt dieser biblischen Aussage in eigenen Worten:

_____

_____

_____

Wenn uns also der Glaube an Jesus „frei" macht, warum kämpfen dann Menschen, die Gott aufrichtig lieben, weiterhin mit sündhaften Gewohnheiten, lüsternen Gedanken, Stolz, Depressionen, Ängsten, Zorn und anderen schlechten Einstellungen und Haltungen? Können gläubige Menschen so in der Sünde gefangen sein, dass das Problem bei ihrer Bekehrung nicht sofort gelöst ist? Die Erfahrung zeigt, dass es so ist.

Paulus beschreibt im Brief an die Korinther genau, warum unser Denken (und Leben) in der Sünde gefangen ist und wie wir durch Jesus in die Freiheit kommen können:

2. Korinther 10,3-5 _Wir leben zwar in dieser Welt, kämpfen aber nicht mit den Waffen dieser Welt. Die Waffen, die wir bei diesem Feldzug einsetzen, sind nicht irdisch, aber sie haben durch Gott die Macht, **Festungen** zu schleifen; mit ihnen reissen wir alle hohen Gedankengebäude nieder, die sich gegen die Erkenntnis Gottes auftürmen. Wir nehmen alles Denken gefangen, so dass es Christus gehorcht_

Die Bibel sagt uns an dieser Stelle, dass wir durch falsches Denken gebunden sind. Wir liegen sozusagen gebunden und gefesselt in einer „Festung".

1. Was ist eine „Festung"?

Beispiel Carnuntum

Wissenschaftler haben mittels Radar das Zentrum eines militärischen Lagers aus dem ersten Jahrhundert entdeckt. Carnuntum war eine der strategisch wichtigsten Festungen nördlich der Alpen. Eine Computeranalyse hat ergeben, dass Carnuntum aus einem ausgedehnten Netzwerk von Restaurants, Tavernen, Bädern und Versammlungshallen bestand. In seiner Glanzzeit am Ende des zweiten Jahrhunderts nach Christus lebten in Carnuntum ca. 50'000 Menschen.

Festungen standen an strategischen Orten, um das Umland und die Verkehrswege zu kontrollieren. Sie waren Sitz der herrschenden Elite und das Machtzentrum. Das griechische Wort *topos* wird in den folgenden Bibelstellen mit „Raum" oder „Chance" übersetzt. Es ist ein Wort mit breiter Bedeutung, das aber grundsätzlich im Sinne von „Territorium, Land" verwendet wird. Die älteste eindeutige Verwendung im Singular bezieht sich auf einen „bestimmten Raum", später hat es die Bedeutung von „bestimmtes Territorium, Gebiet Land, Bezirk, Stadt oder Wohnort".

2. Was ist eine geistliche Festung?

(Nach 2. Korinther 10,3-5)

„Festungen" oder Bindungen sind Gedanken, Meinungen, Philosophien, Haltungen, Taten und Wertvorstellungen, die Gottes Wahrheit ablehnen. Es sind Lügen, welche Gottes Absicht für dein Design, deine Beziehung zu Gott, dir selber und zum nächsten verzerren und entsprechend in die Irre führen.

Festungen sind Mächte, die sich rational über Gottes Weisheit erheben. Sie widersprechen auf arrogante Weise Gottes Person, seinem Charakter und seinen Geboten. Sie widersetzen sich der Bibel und der Liebe des Vaters.

Es gehört zur Strategie des Widersachers, Menschen, Ehepaare, Familien, Kirchen, Gemeinden, Kulturen, Institutionen und Organisationen zu täuschen, damit sie Dinge glauben und als wichtig erachten, die mit Gottes Wort nicht übereinstimmen. Er hat schon immer versucht, uns dazu zu bringen, dass wir Gottes Wahrheiten leugnen!

Gottes Wahrheit ist absolut

Im Masse, wie wir Gottes Wahrheit ablehnen – auch bei sogenannt „kleinen" Dingen im Leben – bekommt der Widersacher die Chance, in unserem Leben eine Festung zu errichten bzw. sein Basislager aufzuschlagen, von dem aus er operieren kann.

Stolz, Unabhängigkeit von Gott und Selbstbezogenheit gehören zu den charakteristischen Merkmalen der Auflehnung gegen Gott.

Wahrheit ist mehr als blosses Wissen. Die Wahrheit bestimmt buchstäblich unseren Lebensweg. Jesus sagte: „Da sagte er zu den Juden, die an ihn glaubten: „Wenn ihr in meinem Wort bleibt, seid ihr wirklich meine Jünger. Dann werdet ihr die Wahrheit erkennen, und die Wahrheit wird euch befreien" (Johannes 8,31-32).

3. Wie entsteht eine Festung?

Festungen bzw. Bindungen entstehen, indem wir dem Feind durch Sünde (Gewohnheiten, Gedankenmuster, Haltungen) erlauben, „einen Raum" oder „eine Chance" in unserem Leben zu bekommen.

- **Epheser 4,26-27** *Lasst euch durch den Zorn nicht zur Sünde hinreißen! Die Sonne soll über eurem Zorn nicht untergehen. Gebt dem Teufel keinen **Raum**!*

- **Epheser 4,26-27 (GN)** *Versündigt euch nicht, wenn ihr in Zorn geratet! Versöhnt euch wieder und lasst die Sonne nicht über eurem Zorn untergehen. Gebt dem Versucher keine **Chance**!*

- Obwohl Menschen, die an Jesus Christus glauben und ihm nachfolgen, zu Gott gehören, können sie durch nicht bekannte und nicht bereute Sünde dem Widersacher Raum oder ein legales Anrecht auf ihr Leben geben.

- Der Widersacher setzt dabei bei unseren Gedanken an. Das ist der Grund, warum Paulus sagt, dass unsere Verwandlung bei der Erneuerung des Denkens beginnt:

Römer 12,2 (GN) *Passt euch nicht den Maßstäben dieser Welt an. Lasst euch vielmehr von Gott umwandeln, damit euer ganzes Denken erneuert wird. Dann könnt ihr euch ein sicheres Urteil bilden, welches Verhalten dem Willen Gottes entspricht, und wisst in jedem einzelnen Fall, was gut und gottgefällig und vollkommen ist.*

Unsere Entscheidungen beginnen in unseren Gedanken. Diese Entscheidungen werden zu Taten und bald auch zu Werten in unserem Leben. Diese Werte fangen an, uns zu definieren und werden zu einem Lebensstil. Wenn die zugrundeliegenden Gedanken falsch sind, werden eines Tages auch unsere Entscheidungen, Taten, Werte und unser Lebensstil nicht mehr mit Gottes Wahrheit übereinstimmen. An diesem Punkt kann es passieren, dass wir Bindungen unterschiedlichen Grades entdecken, weil wir dem Widersacher Raum gegeben und ihm gestattet haben, in unserem Leben eine Festung zu errichten.

Wenn man sich diese schematische Darstellung als einen Eisberg vorstellt, ist zu sehen, dass bestimmte Verhaltensweisen nur die „Spitze des Eisbergs" sind. Es gibt Dinge, die man sehen kann – die Bindungen, von denen wir so gerne frei sein möchten, die hartnäckigen Sünden, die wir so gerne abschütteln möchten. Die Wurzeln dieser Dinge liegen aber viel tiefer, sie haben eine breitere Basis und liegen unterhalb der „Wasseroberfläche" unseres Lebens. Sie fangen bei unseren intimsten Gedanken an.

BINDUNG
↑
LEBENSSTIL
↑
WERTE
↑
TATEN
↑
ENTSCHEIDUNGEN
↑
GEDANKEN

4. Wodurch erhält der Teufel das Recht, Festungen zu errichten?

Die Tabelle auf dieser Seite enthält eine Auswahl von Bibelversen, die den direkten Zusammenhang zwischen der Sünde und Satans Reich aufzeigen. Damit wird die Rolle unserer sündigen Natur im Zusammenhang mit der Sünde nicht heruntergespielt. Die Neigung zur Sünde, die wir als Menschen in uns tragen, ist unbestritten. Wenn wir eines Tages vor dem Herrn für unser Leben Rechenschaft ablegen müssen, wird sich neben uns kein dämonisches Wesen befinden, auf welches wir die Schuld für unsere Sünde abschieben können. Unsere Sünde ist ganz allein unsere Verantwortung.

Dazu muss erwähnt werden, dass Satans Reich sehr aktiv ist und viel Energie aufwendet, um Menschen zu versuchen und in die Sünde hinein zu ziehen. Die dämonische Welt lässt keine Gelegenheit aus und verspielt kein Anrecht, ihre bösen Anschläge gegen dich auszuüben! Nimm dir einen Moment Zeit um diese Tabelle zu studieren und sei offen für andere Bibelstellen, die diese Wahrheit aufzeigen.

Bibelstellen:	Dadurch erhält der Teufel Recht:
Epheser 4,26-27: .... gebt dem Teufel keinen Raum	Zorn
2. Timotheus 2,24-26	Widerstand gegen Gottes Wahrheit
Hebräer 2,14-15: ... um durch seinen Tod den zu vernichten, der über den Tod verfügt, nämlich den Teufel. So hat er die Menschen befreit, die durch ihre Angst vor dem Tod das ganze Leben lang Sklaven gewesen sind.	Angst/Furcht
2. Timotheus 1,7: Denn Gott hat uns nicht den Geist der Furcht, sondern der Kraft und der Liebe und der Besonnenheit gegeben.	
Matthäus 16,23	Beharren auf eigenen Vorstellungen
Lukas 9,54-56	selbstgerechte Verurteilung
Apostelgeschichte 5,3: Doch Petrus sagte zu ihm: Hananias, warum hast du dein Herz dem Satan geöffnet? Warum belügst du den Heiligen Geist?	Scheinheiligkeit, Habgier, Lüge
Jakobus 3,14-15: Wenn ihr aber bittere Eifersucht und Streit in eurem Herzen hegt ... Diese Weisheit kommt nicht von oben, sie ist irdisch, sinnlich und teuflisch.	bittere Eifersucht, selbstsüchtiger Ehrgeiz
Johannes 8,43-45	Lügen
2. Korinther 2,10-11	Unversöhnlichkeit
Epheser 2,1-2	Weltliche Gesinnung
1. Korinther 10,20-21	Götzendienst
1. Timotheus 5,13-15: Sie gewöhnen sich ans Nichtstun ... werden geschwätzig, mischen sich in fremde Angelegenheiten ein ... Einige davon haben sich schon von Christus abgewandt und folgen dem Satan.	Müssiggang, Faulheit, Klatsch, Wichtigtuerei
1. Timotheus 6,9	Geldgier, Materialismus
1. Timotheus 1,19-20	Gewissensverletzungen
1. Korinther 5,1-5	Sexuelle Sünden, fehlende Reue
2. Timotheus 3,5; 2. Korinther 11,13-15; Apostelgeschichte 5,1-3	Religiosität, falsche Religionen, Pseudogeistlichkeit, Anerkennungssucht

B. Körper, Seele, Geist – und wo Festungen ansetzen

1. Der Mensch besteht aus drei Teilen

Menschen sind Wesen, die aus drei Teilen bestehen – aus Körper, Seele und Geist.

1. Thessalonicher 5,23 *Der Gott des Friedens heilige euch ganz und gar und bewahre euren Geist, eure Seele und euren Leib unversehrt, damit ihr ohne Tadel seid, wenn Jesus Christus, unser Herr, kommt.*

Hebräer 4,12 *Denn lebendig ist das Wort Gottes, kraftvoll und schärfer als jedes zweischneidige Schwert; es dringt durch bis zur Scheidung von Seele und Geist, von Gelenk und Mark; es richtet über die Regungen und Gedanken des Herzens.*

Diese Unterscheidung ist notwendig, um zu verstehen, wie dämonische Wesen mit menschlichen Wesen in Verbindung treten können. Welchen Einfluss können sie auf Gläubige haben?

Das folgende Schaubild zeigt die drei biblischen Komponenten des menschlichen Wesens und was jede Komponente charakterisiert:

Geist — **Seele** — **Körper** —

1. Körper
Bewusstsein der materiellen Welt
Fünf Sinne, physische Gesundheit und Aussehen

2. Seele
Selbstbewusstsein (innere Person)
Denken, Gefühle und Wille

3. Geist
Identität in Christus, geistliche Wahrnehmung

2. Anfälligkeit des Menschen für das Dämonische

Der menschliche Geist ist von Natur aus sozusagen geistlich tot für Gott und seine Anreize (z. B. für sein Wirken, sein Wort, seine Gegenwart, seine Stimme). Aber wenn ein Mensch wiedergeboren ist, wird der menschliche Geist durch Jesus Christus wiederhergestellt und lebendig gemacht.

Epheser 2,1.4-5 *Ihr wart tot infolge eurer Verfehlungen und Sünden. (...) Gott aber, der voll Erbarmen ist, hat uns, die wir infolge unserer Sünden tot waren, in seiner großen Liebe, mit der er uns geliebt hat, zusammen mit Christus wieder lebendig gemacht. Aus Gnade seid ihr gerettet.*

Titus 3,5 *Er hat uns gerettet - nicht weil wir Werke vollbracht hätten, die uns gerecht machen können, sondern aufgrund seines Erbarmens - durch das Bad der Wiedergeburt und der Erneuerung im Heiligen Geist.*

Die menschliche Seele ist der bevorzugte Angriffspunkt für den Feind, um Festungen zu errichten. Unsere Gedanken, Gefühle und Wille sind ein wichtiges Territorium und sein Hauptangriffsfeld, wenn der Feind uns schaden möchte.

Auch der menschliche Körper ist dämonischen Angriffen ausgesetzt, was zu physischen Leiden und Krankheiten führen kann. Es gibt Zeiten, in denen sind gesundheitliche Probleme rein physiologischer Natur und darauf zurückzuführen, dass wir in einem vergänglichen Köper leben. Es gibt aber viele biblische und praktische Hinweise darauf, dass physische Krankheit von dämonischer Aktivität herrühren kann.

3. Die drei Schlachtfelder eines Christen verstehen

Als Christen werden wir auf drei Konfliktfeldern herausgefordert: Wir stehen im Kampf gegen die Welt, gegen das Fleisch und gegen das Reich des Widersachers.

Die Welt

Satan wird als der Beherrscher dieser Weltordnung oder des Systems bezeichnet, dessen Wesen Gott gegenüber feindselig gesinnt ist.

Johannes 12,31 *Jetzt wird Gericht gehalten über diese Welt; jetzt wird der Herrscher dieser Welt hinausgeworfen werden.*

1. Johannes 2,15-17 *Liebt nicht die Welt und was in der Welt ist! Wer die Welt liebt, hat die Liebe zum Vater nicht. Denn alles, was in der Welt ist, die Begierde des Fleisches, die Begierde der Augen und das Prahlen mit dem Besitz, ist nicht vom Vater, sondern von der Welt. Die Welt und ihre Begierde vergeht; wer aber den Willen Gottes tut, bleibt in Ewigkeit.*

Mit Welt sind Werte der Gesellschaft, die sich nicht nach Gottes Massstäben orientieren gemeint. Das kann beispielsweise Hedonismus sein ("Hauptsache ich bin glücklich"), Konkurrenzdenken oder die Überzeugung, dass wahre Freiheit Unabhängigkeit ist. Es kann sich in der Überzeugung zeigen, dass öffentliche Popularität als höchste Stufe angesehen wird und Identität in der Leistung und im Tun gesucht wird.

Das Fleisch

Das Fleisch des Menschen widersetzt sich Gott ebenso wie das System dieser Welt.

Es hat die Eigenschaft, dass es alles versucht zu verstehen und zu beurteilen, es will alles richtig machen und damit geistliches Leben selber hervorbringen. Es lehnt alles Geschenkte ab und will sich stattdessen selbst versorgen, sich selbst verbessern und Perfektion anstreben, und wenn das nicht funktioniert, wird es wütend und frustriert. Diese Eigenschaft nützt der Teufel aus und provoziert unser Fleisch zur Rebellion gegen Gott und seine Wahrheit.

Lies: Römer 8,5-7; Galater 5,16-17

Das Reich des Widersachers

Die Bibel sagt sehr deutlich, dass Satans Reich vor allem darauf abzielt, gegen Gott und seine Schöpfung zu streiten, was auch die Menschen einschliesst. Jesu Ziel bestand darin, die Menschen kompromisslos und kraftvoll von diesen dämonischen Aktivitäten zu befreien.

Lies: Lukas 6,17-19

Im Epheserbrief wird zusammengefasst, wie die Schnittstelle dieser drei Kampfplätze im Leben eines Menschen vor seiner Rettung durch Jesus Christus aussieht:

Epheser 2,1-3 *Ihr wart tot infolge eurer Verfehlungen und Sünden. Ihr wart einst darin gefangen, wie es der Art dieser Welt entspricht, unter der Herrschaft jenes Geistes, der im Bereich der Lüfte regiert und jetzt noch in den Ungehorsamen wirksam ist. Zu ihnen gehörten auch wir alle einmal, als wir noch von den Begierden unseres Fleisches beherrscht wurden. Wir folgten dem, was das Fleisch und der böse Sinn uns eingaben, und waren von Natur aus Kinder des Zorns wie die anderen.*

Paulus stellt klar, dass unser Kampf im Grunde nicht gegen Fleisch und Blut gerichtet ist, sondern gegen die bösen Geister, die uns angreifen und in Konflikte zu stürzen versuchen, indem sie unser Fleisch und das System dieser Welt benutzen.

Epheser 6,12 *Denn wir haben nicht gegen Menschen aus Fleisch und Blut zu kämpfen, sondern gegen die Fürsten und Gewalten, gegen die Beherrscher dieser finsteren Welt, gegen die bösen Geister des himmlischen Bereichs.*

Schamfreie Zone:

Mit welchen Methoden arbeitet das Reich des Widersachers bevorzugterweise gegen dich? Wie äussert sich dies?

Gott gibt uns alles, um auf den drei Konfliktfeldern siegreich zu bestehen

- **Die Welt:** Erneuere dein Denken, indem du die Lügen dieser Welt durch die Wahrheit ersetzt (Röm 12,1-2; 1. Joh 2,15-17).

- **Das Fleisch:** Gib deine eigensinnige, rebellische Haltung auf, in dem du dich Gott unterstellst, und Gottes Wort und seinem Geist gehorchst (Gal 5,16).

- **Das Reich des Widersachers:** Ergreife die Autorität über Satan und seine Dämonen, indem du ihm im Namen Jesus widerstehst. So muss er fliehen. Der in dir ist stärker, als der in der Welt – so lebst du ein Leben in Freiheit. Jesus ist gekommen, die Werke des Teufels zu zerstören (Jak 4,7; 1. Joh 4,4; 1. Joh 3,8).

C. Ursachen und Wirkungen von Festungen

1. Wurzeln und Früchte

Die Art und Weise, wie sich geistlicher Segen, gute Früchte und eine gesunde Identität entwickelt - aber auch wie sich Festungen, Unfreiheit und Gebundenheit im Leben eines Menschen offenbaren und existieren können – lässt sich gut mit der Illustration des Baumes vergleichen. In verschiedenen Bibelstellen verwendet Gott das Bild von Bäumen und zeigt den Zusammenhang zwischen den Früchten, der Nahrung und der Funktion der Wurzeln (siehe Baumbild Original Design auf den Seiten 124/125).

Psalm 1,3 *Er gleicht einem Baum, der zwischen Wasserläufen gepflanzt wurde: zur Erntezeit trägt er Früchte, und seine Blätter verwelken nicht. Was ein solcher Mensch unternimmt, das gelingt.*

Jesaja 61,3 *...dass sie genannt werden „Bäume der Gerechtigkeit", „Pflanzung des HERRN", ihm zum Preise.*

Lukas 6,44 *Jeden Baum erkennt man an seinen Früchten: Von Dornbüschen pflückt man keine Feigen, und von Gestrüpp erntet man keine Trauben.*

Weitere Bibelstellen:
Kol 2,7; Eph. 3,17 (HfA); Ps 92,13-16 (NGÜ)

2. Wurzeln und Früchte einer geistlichen Festung

Geistliche Festungen in unserem Leben können mit schlechter Frucht auf einem Baum verglichen und als solche wahrgenommen werden. Die Frucht lebt, weil die Wurzel sie mit allem „Nötigen" versorgt. Daher reicht es nicht, die offensichtlichen und oberflächlichen Verhaltensmuster anzugehen, von diesen umzukehren und uns zu bemühen, anders zu leben. Um uns dieser Frucht ein für alle Mal zu entledigen, müssen wir uns mit den „Wurzeln" dieser Frucht auseinandersetzen.

Die Illustration auf der nächsten Seite zeigt die Zusammenhänge (die Mechanik) von Festung und Wurzel.

Festung – Frucht
- Verhaltensmuster, Ort der Unfreiheit (topos)
- Wie sich Festungen im Leben eines Menschen offenbaren, z. B. Zorn, Minderwertigkeit, Ablehnung, Passivität. Unter Anhang – Ressourcen findest du die entsprechende Liste.

Baumstamm
- Kernfestung: Die unterschiedlichsten Früchte können auf eine Haupt- oder Kernfestung zurückgeführt werden. So kann z. B. aus der Kernfestung „Angst" Isolation, Hoffnungslosigkeit und Minderwertigkeit als Festung wachsen.

Wurzeln
- Ursprung / Ursache der Festung im Leben eines Menschen, welches die Festungsfrucht am Leben hält.
- Ungerechtigkeiten, Liebesdefizite, generationsbedingte Probleme, Traumata, Seelenbindung, Flüche und unbekannte Sünde. Die Wurzel ist Teil der Biographie, der Geschichte dieser Person.

D. Die Wurzel einer Festung identifizieren

Das Wurzelwerk eines Baumes ist grösstenteils versteckt. Genauso sind die Ereignisse aus der Vergangenheit oftmals verdrängt, „vergessen" oder werden bagatellisiert – vielfach aus Selbstschutz. Darum braucht es im Prozess des weiteren Vorgehens Offenbarung von Gott – sein Reden, aber auch meine Bereitschaft zu hören.

Psalm 139,23-24 *Erforsche mich, Gott, und erkenne mein Herz; prüfe mich und erkenne, wie ich's meine. Und sieh, ob ich auf bösem Wege bin, und leite mich auf ewigem Wege.*

Dieses Gebet von David bringt den Wunsch und die Erwartung zum Ausdruck, dass Gott als Herzenskenner Absichten und Motive zu erkennen gibt.

Psalm 16,11 *Du tust mir kund den Weg zum Leben: Vor dir ist Freude die Fülle und Wonne zu deiner Rechten ewiglich.*

Ziel von Gottes Reden ist dabei nicht ein Blossstellen und Beschämen, sondern die Absicht, dass sein Leben sich in unserem Leben ergiessen und sein Design in uns sichtbar wird.

Wir unterscheiden 7 verschiedene Wurzeltypen:

Äste und Früchte:

• Die Art und Weise, wie die Festungen im Leben eines Menschen zum Ausdruck kommen
  – als sichtbare Auswirkung der Kernfestung
  z. B. Zorn, Furcht und Unglaube, Passivität,
  Scham und Hoffnungslosigkeit.

Baumstamm:

• Die „Kernfestung"

Wurzeln:

• Wie die Festung im Leben eines Menschen entstanden ist:

  ☐ Ungerechtigkeit
  ☐ Trauma
  ☐ Liebesdefizit/Wahrheitsdefizit
  ☐ Generationensünde
  ☐ Seelische Bindung
  ☐ Flüche / okkulte Praktiken
  ☐ Eigenes sündhaftes Verhalten

Notizen

1. Ungerechtigkeit / Trauma

Ungerechtigkeit und Trauma werden am besten als grundlose und unverdiente Verletzung definiert, die in Form von Ablehnung und/oder Leiden auf uns gekommen ist. Wir realisieren, dass wir nichts getan haben, was dieses Agieren des Umfeldes rechtfertigt. Notwendiger Schutz war nicht vorhanden. Mit anderen Worten: Diese Ereignisse liegen in der Vergangenheit und können nicht mehr rückgängig gemacht werden.

• Unfälle, Verletzungen, Krankheiten, Tod
• Affären, Scheidung, Trennung
• von einem Elternteil verlassen zu werden
• hohe Erwartungen
• Bevorzugung eines Geschwisterteils
• Verbaler / emotionaler / körperlicher / sexueller / geistlicher Missbrauch
• Drogen / Alkohol / Pornographie in der Familie
• brutale, gewalttätige oder manipulative Erziehungsmassnahmen
• Reaktion auf eine Krankheit oder eine Behinderung
• Unsichere / instabile Familienverhältnisse – Umzüge Wohnung / Schule / Ort / Gemeinde
• Diskriminierung oder Mobbing
• Zurückhaltung, Übersehen werden, an Bedingungen geknüpfte Liebe
• plötzlicher Arbeitsstellenverlust

Die Liste ist nicht vollständig.

2. Liebes- und Wahrheitsdefizite

Eine Familienkultur des Schweigens, des Misstrauens und der Geheimnisse können Ursache für entsprechende Festungen sein. Dieses Abschirmen und Verbergen fördert ein Leben in Unwahrheit. Fehlendes Vertrauen wirkt nicht nur verletzend, sondern verhindert das gesunde Heranwachsen der ganzen Identität. Schlüsselworte im Zusammenhang mit Liebes- und Wahrheitsdefizit sind:

• Ablehnung: Zurückweisung, Verachtung, Liebesentzug
• Verlassenheit: Wenn Eltern abwesend sind (nicht unbedingt selbstverschuldet)
• Verrat: Wenn Eltern untreu sind und Vertrauen missbrauchen
• Zurückhaltung: Wenn Eltern ihre Liebe oder den Ausdruck ihrer Liebe zurückhalten, oft aus ihrem eigenen Mangel an Selbstwert oder einem Mangel an Beziehungsfähigkeit
• Kontrolle: Wenn Eltern zu viele Entscheidungen für ihre Kinder treffen, einschliesslich sie unter Druck zu setzen und/oder ihnen drohen
• Vernachlässigung: Mangel an Aufmerksamkeit und Fürsorge
• Liebe, die an Bedingungen geknüpft ist: Liebe und Annahme wird zurückgehalten bis das gewünschte Benehmen (welches den Erwartungen der Eltern entspricht) erfolgt
• Annahme, die von Leistungen abhängt: Falsche Erwartungen, Eltern, die nur durch erfolgreiche Leistungen ihrer Kinder zufriedenzustellen sind
• Dominanz - Manipulation: Angst und Einschüchterung, um andere zu kontrollieren
• Beschämung: Wenn Eltern Schuld, Scham oder Blossstellung gebrauchen, um Kinder fügsam zu machen

3. Generationenschuld, Seelenbindungen, Flüche

Der Gott Abrahams, Isaaks und Jakobs ist ein Gott der Generationen. Gott sagte zu Abraham: Ich will dich segnen und du sollst ein Segen sein (1. Mose 12,2). Doch weshalb existieren sich wiederholende Muster wie Scheidung, Selbstmord und Suchtverhalten in den Familien?

Im Weiteren gibt es seelische oder dämonische Bindungen an Menschen oder an Gegenstände, sowie bestimmte Aussagen über einem Menschenleben, die wie Flüche wirken. Diese Wurzeln vergiften den Baum und sind Ursache für Festungen, welche Menschen berauben, belügen und verhindern. Auf den Seiten 67-77 werden diese Wurzeln eingehend behandelt.

4. Sündhafte Reaktionen auf Liebes- und Wahrheitsmangel sowie auf Ungerechtigkeit

Jede Form von Mangel oder Ungerechtigkeit erzeugt Schmerz und verlangt nach „Linderung." Selbstschutz, Kompensation, Rache usw. sind verständliche Reaktionen. Sie führen jedoch nicht nur von Gottes Liebe weg, sondern sind oft auch selbstzerstörerisch für sich und das Umfeld.

Wenn wir uns auf diese Weise verhalten, geben wir dem Feind in unserem Leben Anrecht – einen *topos*, einen Platz, von welchem aus er wirken kann. Diese Verhaltensmuster sind so tief in uns verwurzelt, dass sie zu unserer Lebensweise gehören. Manche Menschen glauben sogar versehentlich, dass dieses Verhalten einfach ein Teil ihres Charakters ist.

Diese Liste von sündhaften Reaktionen wegen Ungerechtigkeiten und Liebesdefiziten ist nicht vollständig:

- Wut
- Rebellion
- Isolation
- Angst
- Bedeutungslosigkeit
- Selbsthass
- Kontrolle
- selbstsüchtige Ziele
- Sexuelle Unmoral
- Bitterkeit
- Opferrolle

Festungen

Passives Verhalten

Unsicherheit
Selbstmord
Minderwertigkeit
Apathie
Depression
Scham/Verurteilung
Opferrolle/Selbstmitleid
Hoffnungslosigkeit
Selbsthass/Selbstablehnung
Passivität
Rückzug

Aggressives Verhalten

Zorn /Wut
Verrat/Mord
Eifersucht
Kontrolle/Sturheit
Konkurrenz
Stolz/Dünkel
Überheblichkeit/Selbstüberschätzung
Bitterkeit/Groll
Kritik
Feindseligkeit/Hass
Rebellion

Wahrheitsdefizit

Liebesdefizit   Ungerechtigkeit

Seelische Bindung   Trauma

Eigenes sündhaftes Verhalten

Generationensünde   Flüche / okkulte Praktiken

E. Leben aus Gottes überfliessender Liebe

Zum Schluss wollen wir uns das eine grosse Ziel vergegenwärtigen: Leben in Freiheit heisst Leben aus Gottes Liebe. In allem geht es darum, dass wir seine grosse Liebe zu uns entdecken und annehmen. Sie nährt uns, ist die verlässliche Quelle:

Epheser 3,17-21 *Ich bete, dass durch den Glauben Christus in eurem Herzen wohne. In der Liebe verwurzelt und auf sie gegründet, sollt ihr zusammen mit allen Heiligen dazu fähig sein, die Länge und Breite, die Höhe und Tiefe zu ermessen und die Liebe Christi zu verstehen, die alle Erkenntnis übersteigt. So werdet ihr mehr und mehr von der ganzen Fülle Gottes erfüllt. Er aber, der durch die Macht, die in uns wirkt, unendlich viel mehr tun kann, als wir erbitten oder uns ausdenken können, er werde verherrlicht durch die Kirche und durch Christus Jesus in allen Generationen, für ewige Zeiten. Amen.*

1. Liebe ist das grundlegende Fundament unserer Persönlichkeit:

• Gott ist Liebe.
• Wir sind nach seinem Bild geschaffen.
• Gott kann uns morgen nicht mehr lieben als er es heute tut, aber wir können seine Liebe immer mehr erkennen und tiefer erfahren.

2. Gottes Liebe weist den Feind in die Schranken

Epheser 2,4 *Doch Gottes Erbarmen ist unbegreiflich gross! [...] er hat uns so sehr geliebt [...]*

Sacharja 3,1-4 *Danach liess er mich den Hohepriester Jeschua sehen, der vor dem Engel des Herrn stand. Der Satan aber stand rechts von Jeschua, um ihn anzuklagen. Der Engel des Herrn sagte zum Satan: Der Herr weise dich in die Schranken, Satan; ja, der Herr, der Jerusalem auserwählt hat, weise dich in die Schranken. Ist dieser Mann nicht ein Holzscheit, das man aus dem Feuer gerissen hat? Jeschua hatte nämlich schmutzige Kleider an, als er vor dem Engel stand. Der Engel wandte sich an seine Diener und befahl: Zieht ihm die schmutzigen Kleider aus! Zu ihm aber sagte er: Hiermit nehme ich deine Schuld von dir und bekleide dich mit festlichen Gewändern.*

3. Gottes Liebe soll durch uns Menschen weiterfliessen

Gott schuf jeden von uns mit einem Bedürfnis nach einer 100-prozentigen Liebe von „Gottes Qualität". Diese Art der Liebe kommt von Gott selbst. Die neutestamentliche Sprache (Griechisch) gebraucht hauptsächlich vier Wörter für die biblische Beschreibung von Liebe:

• **Storgè:** eine Liebe oder Wertschätzung für Dinge, wie Blumen, Schmuck, Sport, Haustiere oder die Natur

• **Eros:** eine erotische, sinnliche Art von „Liebe"

• **Philia:** eine Liebe geprägt von Zuneigung und Freundschaft, die sich im Begriff „brüderliche Liebe" wiederspiegelt, wie zwischen engen Geschwistern oder besten Freunden

• **Agape:** Eine Liebe, die ihren Ursprung in Gott hat. Sie lebt für den Vorteil und das Wohlergehen von anderen; sie ist der Diener unseres Willens im Gegensatz zum Opfer unserer Emotionen. Eine ansatzweise Beschreibung davon finden wir in 1. Korinther 13.

Unser Wert, unsere Bedeutung und Sicherheit beruhen auf dieser Liebe. Gott schuf den Menschen aus dieser Art von Liebe – und mit der Absicht, dass sie diese erleben. Natürlich ist Gottes ursprüngliches

Design für das Erleben seiner Agape-Liebe mit Adam und Evas Sünde im Garten Eden verloren gegangen. Die Agape-Liebe, die sich sichtbar ausdrückt, ist jedoch Teil von Gottes ursprünglichem Design für die Menschheit:

• Gesunde, zärtliche Berührungen
• Ungeteilte Aufmerksamkeit
• Qualitätszeit
• Augenkontakt
• Gehört werden
• Zusammen Dinge unternehmen

Worte des Segens:
• Welche Gaben/Fähigkeiten freisetzen
• Welche die Identität stärken
• Welche Perspektive und Zukunft schaffen

F. Zusammenfassung

Festungen bewirken, dass wir Gottes ursprüngliches Design für unser Leben nicht frei und ungehindert ausleben können. Festungen hindern uns daran, Gottes Liebe, Barmherzigkeit und Gnade zu empfangen und weiterzugeben. Sie untergraben unsere Versuche, ein von Gottes Liebe und der Kraft seines Reiches geprägtes Leben zu führen. Doch Gott hat dafür gesorgt, dass wir klare Wegweisung und wirksame Waffen in die Hand bekommen haben.

Im nächsten Teil werden wir uns damit befassen, mit welchen Mitteln wir die geistlichen Festungen zerstören und kraftvoll in unser Design hineinwachsen können.

Teil V

Schlüssel zur Zerstörung von Festungen

Im Teil IV haben wir gesehen, dass Festungen nicht zufällig und aus dem NICHTS entstehen. Der Zusammenhang von Frucht und Wurzel ist offensichtlich. Für die Erfahrung von Gottes Freisetzung in unser göttliches Design reicht es daher nicht, dass wir bloss die Früchte pflücken. Wir lernen in diesem Kapitel, wie wir geistliche Wurzeln erkennen und ausreissen können. Somit dringt Gottes Heilung und Befreiung an den Ort der Ursache.

Wir kämpfen mit mächtigen geistlichen Waffen

Wir leben in einer Welt aus Fleisch und Blut, aber der geistliche Kampf muss mit geistlichen Waffen ausgetragen werden. Wir kämpfen nicht gegen Wesen aus Fleisch und Blut, sondern gegen böse Geister (Mächte der Finsternis). Die Dämonen, welche die finsteren Pläne Satans ausführen und umsetzen, stammen nicht aus der natürlichen Welt.

Epheser 6,12 *Denn wir haben nicht gegen Menschen aus Fleisch und Blut zu kämpfen, sondern gegen die Fürsten und Gewalten, gegen die Beherrscher dieser finsteren Welt, gegen die bösen Geister des himmlischen Bereichs.*

A. Der Schlüssel der Umkehr

Die zentrale innere Haltung, welche die Zerstörung der Festungen ermöglicht, heisst Umkehr. Umkehr hat weder mit krankhafter Selbstprüfung, noch religiöser Selbstzerfleischung zu tun. Umkehr ist ein wunderbares Geschenk und ein Privileg, das wir von Gott bekommen haben. Dieses Geschenk öffnet die Tür zur Vergebung, zum Leben und zur Wahrheit.

Apostelgeschichte 5,31 *Ihn hat Gott als Herrscher und Retter an seine rechte Seite erhoben, um Israel die Umkehr und Vergebung der Sünden zu schenken.*

Apostelgeschichte 11,18 *Als sie das hörten, beruhigten sie sich, priesen Gott und sagten: Gott hat also auch den Heiden die Umkehr zum Leben geschenkt.*

2. Timotheus 2,24-25 *Ein Knecht des Herrn soll nicht streiten, sondern zu allen freundlich sein, ein geschickter und geduldiger Lehrer, der auch die mit Güte zurechtweist, die sich hartnäckig widersetzen. Vielleicht schenkt Gott ihnen dann die Umkehr, damit sie die Wahrheit erkennen.*

Römer 2,4 *Verachtest du etwa den Reichtum seiner Güte, Geduld und Langmut? Weißt du nicht, dass Gottes Güte dich zur Umkehr treibt?*

1. Was bedeutet Umkehr wirklich?

- Das griechische Wort für „Umkehr" heißt „metanoia."
  Es bedeutet wörtlich „Veränderung des Denkens". Wahre Umkehr hat radikale Auswirkungen, denn sie dreht uns um und lenkt uns in die andere Richtung.

- Umkehr verwandelt unser Leben, unsere Werte, Einstellungen und Taten. Wahre biblische Umkehr schließt unser ganzes Wesen ein – unser Denken, Wollen und unsere Gefühle. Das führt zu neuen Gedanken und Meinungen, neuen Worten und Taten, und schließlich auch zu neuen Gefühlen.

- Es genügt nicht, Sünde nur zu bereuen. Wir müssen unsere Wertmaßstäbe, Ansichten und unseren Lebensstil verändern, wir müssen bestimmte Dinge ändern und die Sünde lassen. Es ist wichtig, darauf zu achten, dass Umkehr ein fortwährender Prozess ist.

- Die Bibel sagt klar, wie gefährlich es ist, wenn wir Sünde nicht durch richtiges Verhalten ersetzen. Wenn unser Bekennen nicht von wirklicher Umkehr begleitet ist, wird der Feind wieder kommen und das entstandene Vakuum erneut besetzen.

Matthäus 12,43-45 *Ein unreiner Geist, der einen Menschen verlassen hat, wandert durch die Wüste und sucht einen Ort, wo er bleiben kann. Wenn er aber keinen findet, dann sagt er: Ich will in mein Haus zurückkehren, das ich verlassen habe. Und wenn er es bei seiner Rückkehr leer antrifft, sauber und geschmückt, dann geht er und holt sieben andere Geister, die noch schlimmer sind als er selbst. Sie ziehen dort ein und lassen sich nieder. So wird es mit diesem Menschen am Ende schlimmer werden als vorher. Dieser bösen Generation wird es genauso gehen.*

2. Umkehr praktizieren

Der Apostel Jakobus beschreibt in Jakobus 4,6-10, dass Umkehr eine Frage unserer Herzenshaltung ist.

a) Ein demütiges Herz
Demütige dich vor Gott

Jakobus 4,6 *Doch er gibt noch grössere Gnade; darum heisst es auch: „Gott tritt den Stolzen entgegen, den Demütigen aber schenkt er seine Gnade".*

Jakobus 4,10 *Demütigt euch vor dem Herrn, dann wird er euch erhöhen.*
Frei übersetzt heisst dies: Wenn ihr euch vor dem Herrn beugt und eure Abhängigkeit von ihm anerkennt, wird er euch emporheben und euch Anerkennung/Ehre geben.

b) Ein gehorsames Herz

Ordne dich Gott unter

Jakobus 4,7-9 *Ordnet euch also Gott unter, leistet dem Teufel Widerstand; [...] Sucht die Nähe Gottes; dann wird er sich euch nähern. Reinigt die Hände, ihr Sünder, läutert euer Herz, ihr Menschen mit zwei Seelen! Klagt und trauert und weint!*

c) Ein Herz, das Sünde bekennt und umkehrt

Bekenne deine Sünden

Jakobus 4,8b-9 *Reinigt die Hände, ihr Sünder, läutert euer Herz, ihr Menschen mit zwei Seelen! Klagt und trauert und weint!*

d) Ein Herz, das energischen Widerstand leistet

Widerstehe dem Teufel

Jakobus 4,7 *Ordnet euch also Gott unter, leistet dem Teufel Widerstand; dann wird er vor euch fliehen."*

e) Ein Herz, das Gott vertraut

Erwarte sein Eingreifen, sein Handeln

Römer 10,11 *Denn die Schrift sagt: Jeder der an ihn glaubt, wird nicht zuschanden werden!*

3. Gebrauche die 4 Schritte des „Gebets der Umkehr"

Diese Punkte in Jakobus 4,6-10 können wir zusammenfassen zu dem vierstufigen „Gebet der Umkehr" das wir bereits in Teil I behandelt haben (eine Übersicht der 4 Schritte findest du auf S. 126 im Anhang).

1. Bekenne: Bekenne deine Sünde als Sünde und empfange Gottes Vergebung. Benenne die Dinge beim Namen. Mache dir bewusst, welche Art von Unrecht dir angetan wurde.
Das Gebet auf Seite 64 kann dir dabei helfen.
2. Chronik 7,14 *Wenn mein Volk, das meinen Namen trägt, dann Reue zeigt, wenn die Menschen zu mir beten und meine Nähe suchen und zu mir zurückkehren, will ich sie im Himmel erhören und ihnen die Sünden vergeben und ihr Land heilen.*

2. Widerstehe: Widerrufe alle Lügen, die Gottes Wahrheit widersprechen und weise den damit verbundenen dämonischen Einfluss zurück.
Matthäus 4,10 *„Scher dich fort von hier, Satan", sagte Jesus zu ihm. „Denn die Schrift sagt: ,Du sollst den Herrn, deinen Gott, anbeten und nur ihm allein dienen'".*

3. Ersetze: Ersetze die bisherigen Lügen bzw. dein sündhaftes Verhalten durch das, was in Gottes Augen wahr und richtig ist. Erneuere dein Denken durch Gottes Wahrheit.
Die Bibelstellen auf Seite 116-120 sind dir dabei eine Hilfe.

4. Empfange: Empfange die Erfüllung mit dem Heiligen Geist und freue dich an ihm!
Danke ihm für die geistliche Transaktion.

4. Dem Feind in der Autorität Christi widerstehen

Wie bereits erwähnt ist Umkehr eine geistliche Transaktion. Sobald wir von unseren verkehrten „eigenen Wahrheiten" umkehren und Gottes Wahrheit in der Autorität von Jesus Christus aussprechen und proklamieren, findet eine geistliche Transaktion statt. Du betrittst „geraubtes Land" indem du dem Feind

widerstehst und ihm befiehlst, aus einem Lebensbereich zu weichen. Übe deine Autorität über ihn aus, zitiere die Bibel: Gottes Wort verheisst, dass er fliehen wird. Satan floh, als Jesus ihm widerstand, und seine Dämonen werden auch fliehen, wenn du ihnen widerstehst (Lukas 10,17.19 Jakobus 4,7).

Jesus gab die genau gleiche Autorität zuerst seinen zwölf Jüngern und dann den 72 weiter.

Lukas 9,1 *Dann rief er die Zwölf zu sich und gab ihnen* **die Kraft und die Vollmacht**, *alle Dämonen auszutreiben und die Kranken gesund zu machen. (Hervorhebung durch den Autor).*

Lukas 10,17-19 *Die Zweiundsiebzig kehrten zurück und berichteten voll Freude: Herr, sogar die Dämonen gehorchen uns, wenn wir deinen Namen aussprechen. Da sagte er zu ihnen: Ich sah den Satan wie einen Blitz vom Himmel fallen. Seht, ich habe euch die Vollmacht gegeben, auf Schlagen und Skorpione zu treten und die ganze Macht des Feindes zu überwinden. Nichts wird euch schaden können.*

Je mehr wir uns nach seiner Gegenwart sehnen und für sein Wirken uns verfügbar machen, desto mehr wird unser Lebensstil in Kraft und Autorität zunehmen. Die Verantwortung eines jeden Jüngers spielt dabei eine grosse Rolle. Gottes Autorität und Befähigung dem Feind Widerstand zu leisten, wächst aus dem Gehorsam seinem Wort gegenüber.

Wenn du bereit bist zu wachsen, dann wird Jesus dich Schritt um Schritt auf dein Land führen, wo du seine Werkzeuge (Gaben), seine Waffen in Autorität zu deinem Nutzen und zum Segen für andere einsetzen wirst.

B. Der Schlüssel der Vergebung

1. Vergebung als geistliche Transaktion

Neben der Umkehr ist Vergebung eine weitere mächtige Waffe in den Händen der Nachfolger Jesu. Wir sollen anderen vergeben, so wie uns vergeben ist. Jede Unversöhnlichkeit, die wir anderen gegenüber hegen, öffnet dem Feind eine weitere Tür zu unserem Leben.

• Wir müssen unsere eigenen Sünden bekennen, aber auch allen vergeben, die gegen uns gesündigt haben.
• Weil uns vergeben ist, haben wir das Vorrecht, auch anderen zu vergeben.

Matthäus 6,12-15 *Und erlass uns unsere Schulden, wie auch wir sie unseren Schuldnern erlassen haben. Und führe uns nicht in Versuchung, sondern rette uns vor dem Bösen. Denn wenn ihr den Menschen ihre Verfehlungen vergebt, dann wird euer himmlischer Vater auch euch vergeben. Wenn ihr aber den Menschen nicht vergebt, dann wird euch euer Vater eure Verfehlungen auch nicht vergeben.*

Matthäus 18,21-22 *Da trat Petrus zu ihm und fragte: Herr, wie oft muss ich meinem Bruder vergeben, wenn er sich gegen mich versündigt? Siebenmal? Jesus sagte zu ihm: Nicht siebenmal, sondern siebenundsiebzigmal.*

Kolosser 3,13 *Ertragt euch gegenseitig, und vergebt einander, wenn einer dem andern etwas vorzuwerfen hat. Wie der Herr euch vergeben hat, so vergebt auch ihr!*

2. Vergebung verstehen

Eine fundamentale List des Feindes, die er von Anfang an gegen die Menschheit gerichtet hat, liegt darin, uns zum Zorn zu provozieren und in die Falle des Kreislaufs von Sünde, Zorn und Unversöhnlichkeit zu locken (1. Mose 4,7; 2. Korinther 2,11; Epheser 4,26-27; 1. Petrus 5,8). Die Spirale von Kränkung, Bitterkeit und Groll funktioniert wie eine heimtückische Falle. Das einzige Heilmittel dafür heisst: dem anderen vollständig vergeben!

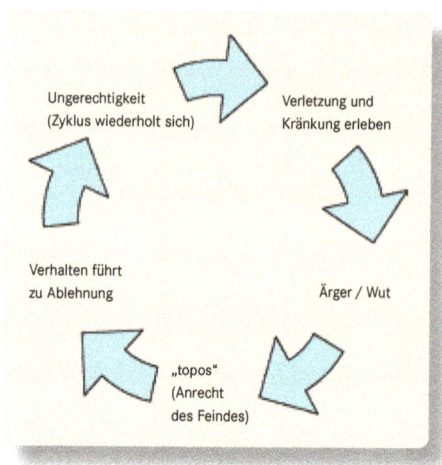

Der effektivste Weg ist, keine Zeit zu verlieren, die Sache beim Namen nennen und der Person zu vergeben. Wenn uns der Autor des Hebräerbriefes warnt: „Seht zu, dass niemand die Gnade Gottes verscherzt, dass keine bittere Wurzel wächst und Schaden stiftet und durch sie alle vergiftet werden," (Hebräer 12,15), denkt er dabei vielleicht an diese Art von Spirale.

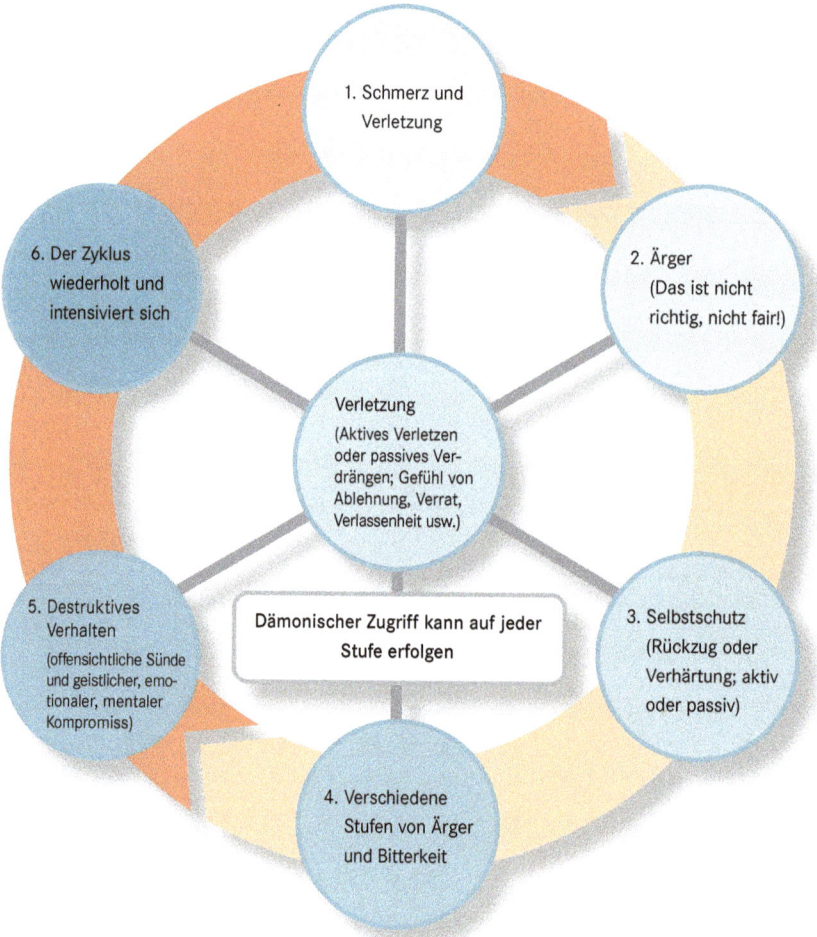

Wie können wir also aus diesen Verletzungen herauskommen und anfangen, in der Freiheit der Vergebung zu leben?

Vergebung beginnt auf der Ebene des Willens. Sich nach Vergebung auszustrecken fängt bei unserem Wollen und Denken an; die Gefühle folgen oft erst später nach. Doch wenn Gottes Wirken in unserem Leben zunimmt, wird sich das auch auf unsere Gefühle auswirken und schliesslich dazu führen, dass wir anderen nicht nur vergeben, sondern sie auch segnen. Die nächste Seite zeigt, wie wir vergeben können, und wie daraus Leben und Freiheit folgen, wenn wir es tun.

3. Warum die Vergebung so kraftvoll ist

• Sie löst den Segen des Himmels aus.
• Sie unterbricht destruktive geistliche Einflüsse.
• Sie befreit uns dazu, Gottes Kraft in einem wiederhergestellten Leben der Freiheit zu erfahren.
• Sie ist der Akt des ‚Lösens' (Matthäus 18,18).
• Sie setzt die Quelle des Heiligen Geistes in uns frei (Apg 7,37-39).

Manchmal kann ein bestimmter Vorfall so schmerzhaft sein, dass wir mit Jesus immer wieder dorthin gehen. Er überfordert uns nicht, sondern führt uns Schritt für Schritt in die Freiheit - ins Loslassen. Vielleicht sprach Jesus genau davon, als er zu Petrus sagte, dass wir nicht siebenmal, sondern unter Umständen siebzigmal siebenmal vergeben müssen (vgl. Matthäus 18,20). Wer 490 mal vergeben hat ist ein Mensch, der sich eine Schlüsselkompetenz erworben hat, um zufrieden durchs Leben zu gehen.

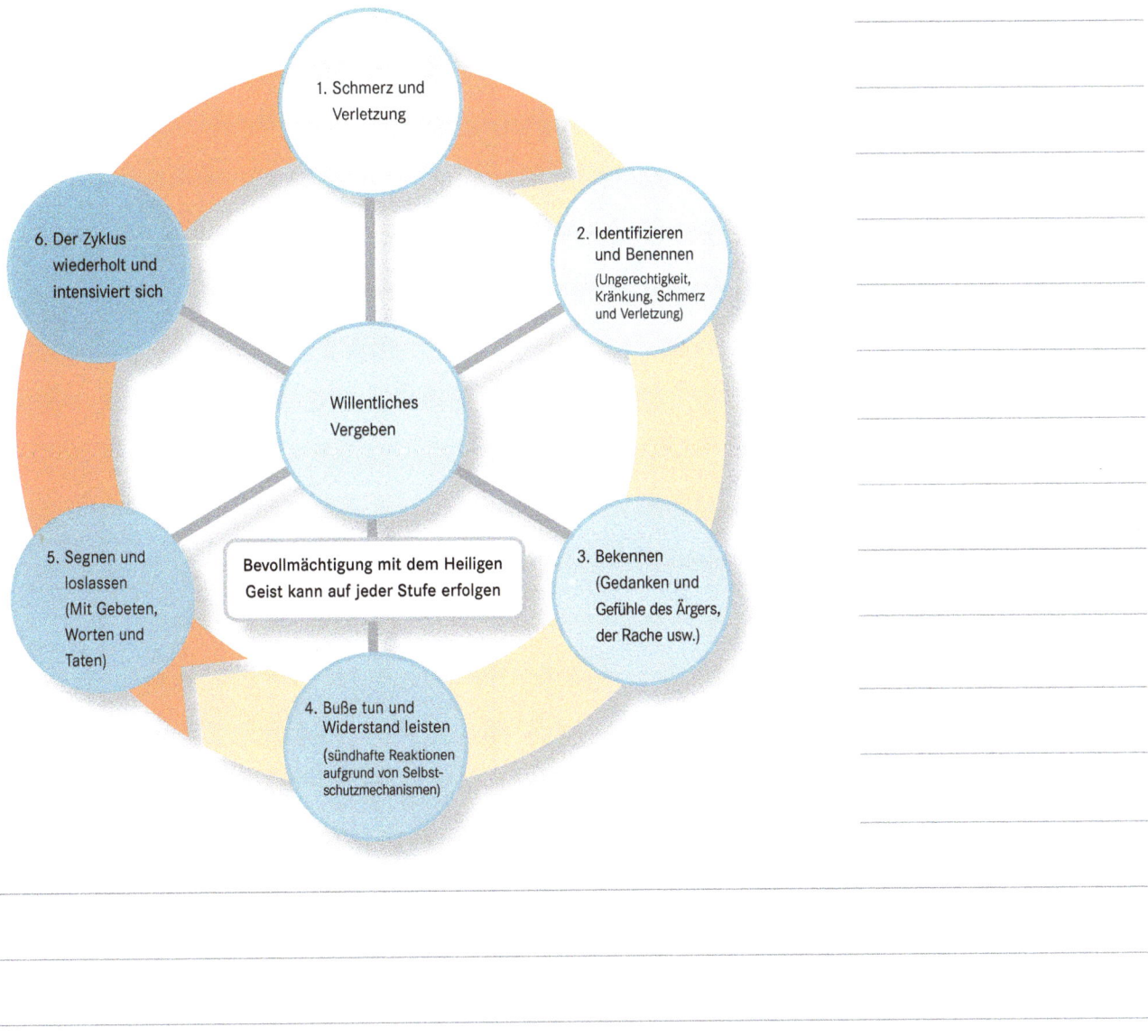

4. Unversöhnlichkeit im Gebet loslassen

Das folgende Gebet ist eine Einladung an dich, um aus dem Kreislauf der Unversöhnlichkeit ausbrechen und in der Freiheit der Vergebung leben zu können.

Lieber himmlischer Vater, ich bekenne jetzt vor dir, was mir durch _____ angetan wurde (sprich den Namen und die Art der Verletzung vor Gott aus). Was er/sie gemacht hat, war nicht in Ordnung (sage Jesus, was es mit dir gemacht hat, welche Konsequenzen es hatte und welche Lügen dabei entstanden sind).

Ich entscheide mich jetzt dafür, ihm/ihr diese Schuld zu erlassen. Ich verzichte darauf, mich zu rächen und ich gebe ihn/sie in deine Hand. Ich vergebe ihm/ihr. Ich segne ihn/sie. Ich entscheide mich dafür, ihm/ihr nichts nachzutragen, nicht auf seine seine/ihre Bereitschaft zu warten oder mich in seine/ ihre Probleme einzumischen. Erfülle mich immer mehr mit der Kraft deines Heiligen Geistes und hilf mir, diese Kränkung/Verletzung zu überwinden, um dir ganz zu vertrauen, zu gehorchen und weiter in Freude zu leben.

Herr, ich bekenne auch meinen Anteil, meinen Zorn und meine Bitterkeit (bekenne auch alle anderen sündhaften Reaktionen bezüglich dieser Person), und ich empfange deine Vergebung. Ich trenne mich von allen Lügen, welche aus diesem Vorfall heraus entstanden sind (z. B. ich kann und bin nichts – ich kann niemandem vertrauen usw.) und bitte dich um Vergebung, dass ich ihnen geglaubt habe. Ich weise alle bösen Geister zurück, die in meinem Leben Fuss zu fassen versuchen, um Zorn, Bitterkeit und Groll in mir anzufachen. Ich weigere mich, ihnen in meinem Herzen Raum zu geben und trenne mich von den Lügen. Im Namen Jesu befehle ich dem Feind, dass er seinen Einfluss stoppt und von mir weicht. Ich ersetze jetzt diese Bitterkeit mit deiner Reinheit, deiner Güte und Barmherzigkeit. Danke, dass du mir gegenüber barmherzig bist.

Herr, ich empfange jetzt deine Heilung und Wiederherstellung meiner Seele mit deinem Frieden. Komm Heiliger Geist und erfülle mich neu mit deinem Leben. Ich entscheide mich dafür, in Zukunft in deiner Gnade und Freiheit zu leben. Amen.

C. Der Schlüssel der Wiedergutmachung

Wenn unser Fehlverhalten und Sünde bei einem Menschen zu einem Schaden, einer Verletzung, einem Vergehen oder Verlust geführt hat, ist Wiedergutmachung eine sehr wichtige Komponente von Umkehr. Ohne diesen wichtigen Schritt der Wiedergutmachung halten wir oft an den Gefühlen der Scham, Schuld und des Bedauerns fest, welche der Feind gegen uns verwendet. Es hemmt und verhindert entsprechende Beziehungen. Dies dauert so lange, bis wir hingehen und unser Vergehen zugeben, um Vergebung bitten und das Unrecht so gut es möglich ist wiedergutmachen.

1. Das Beispiel von Zachäus
– seine Schuld und seine Verantwortung

In der Bibel wird dieses Konzept am deutlichsten anhand von Zachäus in Lukas 19,1-10 illustriert. Sein Name bedeutet übrigens „gerecht" oder „rein". Die Geschichte von Zachäus ist nicht eine Demonstration von Wiedergutmachung, sondern ein gewaltiges Bild von Transformation mit konkreter Umsetzung ins ursprüngliche Design!

Als „oberste Zolleinnehmer" war Zachäus ein jüdischer Mann und wurde von seinen Landsleuten verabscheut und gehasst. Die Zöllner galten als korrupte Verräter, welche den Römern in der Unterdrückung der Israeliten zur Hand gingen.

Lukas 19,8 *Zachäus aber wandte sich an den Herrn und sagte: Herr, die Hälfte meines Vermögens will ich den Armen geben, und wenn ich von jemand zu viel gefordert habe, gebe ich ihm das Vierfache zurück.*

Zachäus veranschaulichte durch die Tat der Wiedergutmachung, was geistliche Transaktion bewirkt. Was er von den Menschen gestohlen hatte, gab er vierfach zurück und verteilte zusätzlich noch Geld an die Armen. Damit machte Zachäus weit mehr als das, was Gott bezüglich der Wiedergutmachung von Israel verlangt hatte – Gnade geht typischerweise weiter als das Gesetz! Wiedergutmachung befreit und hat in unserem Leben eine reinigende Wirkung. Dieses Prinzip wird uns von Gott im Alten Testament und dann von Jesus in der Bergpredigt dargelegt:

3. Mose 5,6-7 *Sag zu den Israeliten: Wenn ein Mann oder eine Frau etwas, was dem Herrn gehört, veruntreut hat, also eine von den Sünden begangen hat, wie sie bei Menschen vorkommen, dann ist dieser Mensch schuldig geworden. Sie sollen die Sünde, die sie begangen haben, bekennen und der Schuldige soll das, was er schuldet, voll ersetzen und dem, an dem er schuldig geworden ist, noch ein Fünftel dazugeben.*

Matthäus 5,23-24 *Wenn du deine Opfergabe zum Altar bringst und dir dabei einfällt, dass dein Bruder etwas gegen dich hat, so lass deine Gabe dort vor dem Altar liegen; geh und versöhne dich zuerst mit deinem Bruder, dann komm und opfere deine Gabe.*

2. Praktische Schritte zur Wiedergutmachung

- Identifiziere, wen du wie verletzt hast. Bitte den Heiligen Geist es dir zu offenbaren. (Psalm 139,23-24). Eine Vertrauensperson kann dir beim Aufdecken von blinden Flecken behilflich sein.

- Stelle die Konsequenz deines Vergehens für die betroffene(n) Person(en) fest. Frage dich: „Wie hat mein Egoismus, meine Unreife, meine Passivität oder Vernachlässigung, meine Haltungen und Taten bei dieser Person oder diesen Personen Schaden, Verletzung oder Verunreinigung angerichtet?"

- Entscheide, woraus die Wiedergutmachung bestehen soll und wie diese am besten gemacht wird. Bitte den Heiligen Geist, dich in dieser Sache zu führen. Dies ist keine Busse oder Bestrafung für deine Sünden. Es sollte eine freudige Reaktion auf die Führung des Herrn sein.

- Vermutlich wird deine Wiedergutmachung aus einer persönlichen Entschuldigung und einer Bitte um Vergebung für deine Taten oder dein Vergehen bestehen. Diese erfolgt am besten persönlich – oder zumindest am Telefon, wenn ein Treffen nicht möglich ist. Entschuldige dich nicht schriftlich, da das Vergehen auf diese Weise eher dokumentiert statt beseitigt wird.

- Begegne der betroffenen Person mit Demut und Respekt. Verlange nicht und erwarte von der Person auch nicht, dass sie dir sofort vergibt. Möglicherweise wird die Person Zeit brauchen. Und auch wenn sie dich nicht von der Schuld und dem Vergehen freispricht, ist es nicht deine Verantwortung – du bist nur für das Bitten um Vergebung und die Wiedergutmachung verantwortlich.

Es gibt Wiedergutmachungen, die heikle Bereiche betreffen und zu weiterem Schaden oder unangenehmen Konsequenzen führen können. Die Person ist möglicherweise nicht fähig oder willig deine Wiedergutmachung anzunehmen oder dich persönlich zu treffen. In diesem Fall ist es weise, wenn du dich von deinen geistlichen Leitern beraten lässt. Oft bewirkt Wiedergutmachung tiefe Heilung an den Wurzeln und schafft Raum für Gottes Liebe.

D. Zusammenfassung

Jesus hat uns, seinen Jüngern, alle nötigen Waffen, jede Autorität und alle Macht gegeben, um die geistlichen Festungen niederzureissen. Auf diese Weise bekommt Gottes Design in und durch uns Kraft. Die Zerstörung von geistlichen Festungen beinhaltet:

• Einen Lebensstil der Demut und der Umkehr (einschliesslich der 4 Schritte, die in dieser Lektion dargelegt wurden).

• Das Identifizieren der „Festungswurzeln" in unserem Leben und das Einsetzen geistlicher Waffen und Ressourcen (einschliesslich der geistlichen Transaktionen im Gebet) zur Zerstörung. Wir behandeln keine Symptome, sondern erleben Befreiung bei der Festungsursache.

• Das Ausüben von Autorität über dämonische Einflüsse, die uns über die Wurzeln der geistlichen Festungen an die „Frucht" binden wollen.

• Das Entwickeln eines Lebensstils der Umkehr, Versöhnung und Wiedergutmachung aus der Kraft des Heiligen Geistes.

Gottes Reich ist wachstumsorientiert. Er selber hat sich dafür verpflichtet und uns zugesagt, dass sein Wort nicht leer zurückkommt, sondern ausrichtet, wozu es gesandt wurde (Jesaja 55,10-11). Ein Leben in der Herzenshaltung, sein Wort zu lieben, beschreibt die Bibel wie folgt:

Psalm 1,3 *Er gleicht einem Baum, der am Wasser steht; Jahr für Jahr trägt er Frucht, sein Laub bleibt grün und frisch. Was immer ein solcher Mensch unternimmt, es gelingt ihm gut.*

Wichtig:
Wir orientieren uns nicht an den verletzten Wurzeln und ihren Festungen, sondern an Gottes Design und seinem Wesen, welches durch seinen Geist mehr und mehr zum Vorschein kommt. Die Bibel beschreibt sie wie folgt:

Galater 5,22 *Die Frucht hingegen, die der Geist Gottes hervorbringt, besteht in Liebe, Freude, Frieden, Geduld, Freundlichkeit, Güte, Treue, Rücksichtnahme und Selbstbeherrschung.*

Teil VI
Generationensünden, seelische Bindungen und Flüche

A. Festungen, die seit Generationen bestehen

Gott ist ein Gott der Generationen (5. Mose 7,9). Auch wenn wir Kinder des himmlischen Vaters sind, ist unser Leben mit dem unserer Vorfahren verbunden. Manche von ihnen haben mit Gott gelebt, andere aber haben ihn nicht beachtet. Die Früchte davon – Segen und Unsegen – können sich auf unser Leben auswirken, und vielleicht haben wir den Einfluss von beidem in unserem Leben schon erfahren. Wir sehen Segen, aber kämpfen möglicherweise auch mit Dingen, die sich wie ein dunkler Schatten früherer Generationen auf unser heutiges Leben auswirken. Die Erfahrung zeigt, dass gerade Festungen, die sich jeder Heilung und Veränderung zu widersetzen scheinen, oft Folge sich wiederholender Generationensünden sind.

Die Vorstellung von Generationensünden mag für westliche Christen schwer zu verstehen sein. Die Ichbezogenheit unserer Zeit unterschätzt oftmals die Bedeutung unserer Herkunftsfamilie. Auch ist es für uns im Westen – im Gegensatz zu anderen Kulturen, die mehr gemeinschaftsorientiert sind – schwerer zu akzeptieren, wie stark sich unser Verhalten seelisch und geistlich auf die nächste Generation auswirkt. Sowohl biblische Anhaltspunkte als auch praktische Erfahrungen zeigen jedoch, dass die geistlichen Folgen von Sünde von einer Generation auf die andere übertragen werden können. Die gute Nachricht ist jedoch: Durch Christus können wir auch davon frei werden.

1. Biblische Grundlage

Die Bibel sagt klar, dass sowohl Segen als Fluch von einer Generation auf die andere übergehen kann. Das ist am besten an der Tatsache zu sehen, dass es Adams Sünde im Paradies war, die zur sündhaften Natur der ganzen Menschheit führte.

Römer 5,12 *Durch einen einzigen Menschen kam die Sünde in die Welt und durch die Sünde der Tod, und auf diese Weise gelangte der Tod zu allen Menschen, weil alle sündigten.*

Anders formuliert:

- Ich lebe im Schatten davon, wie die Generationen in meiner Familie vor mir lebten. Wie ich lebe, wird sich ebenfalls auf das Leben der nachfolgenden Generationen in meiner Familie auswirken und es beeinflussen.
- Generationenschuld kann der Grund dafür sein, warum manche Familien anscheinend nie aus dem Kreislauf von Armut, unehelichen Schwangerschaften, Sucht oder Kriminalität ausbrechen können.
- Eine Festung oder Bindung, die schon seit Generationen besteht, kann dazu führen, dass jemand bestimmte Neigungen, Verhaltensweisen und Gefühle aufweist, für die es im natürlichen Bereich keine logische Erklärung gibt, da sie auf Festungen und Bindungen zurückgehen, die in vergangenen Generationen geschaffen wurden.

2. Mose 20,5-6 *Du sollst dich nicht vor anderen Göttern niederwerfen und dich nicht verpflichten, ihnen zu dienen. Denn ich, der Herr, dein Gott, bin ein eifersüchtiger Gott: Bei denen, die mir feind sind, verfolge ich die Schuld der Väter an den Söhnen, an der dritten und vierten Generation; bei denen, die mich lieben und auf meine Gebote achten, erweise ich Tausenden meine Huld.*

Psalm 112,1-2 *Halleluja! Wohl dem Mann, der den Herrn fürchtet und ehrt und sich herzlich freut an seinen Geboten. Seine Nachkommen werden mächtig im Land, das Geschlecht der Redlichen wird gesegnet. Johannes 9,1-2 Unterwegs sah Jesus einen Mann, der seit seiner Geburt blind war. Da fragten ihn seine Jünger: Rabbi, wer hat gesündigt? Er selbst? Ober haben seine Eltern gesündigt, so dass er blind geboren wurde?*

Matthäus 27,24-25 *Als Pilatus sah, dass er nichts erreichte, sondern dass der Tumult immer grösser wurde, liess er Wasser bringen, wusch sich vor allen Leuten die Hände und sagte: „Ich bin unschuldig am Blut dieses Menschen. Das ist eure Sache!" Da rief das ganze Volk: Sein Blut komme über uns und unsere Kinder!*

In Freiheit zu leben bedeutet, dass wir die Folgen der Sünden früherer Generationen nicht tragen müssen. Wir können aus diesem destruktiven Kreislauf ausbrechen. In der Autorität Christi und in der Kraft des Heiligen Geistes können wir das legale Anrecht (topos) des Feindes auf unser Leben beseitigen, das er sich in der Vergangenheit aufgrund von Bindungen auf unserer Familie erworben hat.

2. Beobachtungen in unserer eigenen Familie

Wenn Menschen die Generationen ihrer Familie sorgfältig und ehrlich betrachten, werden sie Muster erkennen, die von Generation zu Generation weitergegeben werden, sei es im Guten oder im Schlechten. Solch wiederkehrende Muster können hartnäckige Sünden, Bindungen, gesundheitliche Probleme oder Dinge wie Scheidung, ausserehliche Schwangerschaften, Süchte, Missbrauch usw. sein.

Einige dieser Muster können auch geschlechtsbedingt sein. Sich wiederholende Muster sind normalerweise mehr als nur Zufall, sie haben mit einer geistlichen Dynamik zu tun.

Wie kann man wissen, ob eine Generationensünde vorliegt?

Dafür gibt es mehrere mögliche Hinweise:

Erfahrung
Das Problem widersetzt sich hartnäckig allen Versuchen von Seiten des Einzelnen, es zu verändern. Nichts scheint langfristig zu helfen, einschließlich Gebet, Seelsorge oder medizinisches Eingreifen.

Beobachtung und Nachforschung
Das Problem tritt auch bei anderen Familienmitgliedern in unterschiedlichen Formen und Graden oder in anderen Zweigen des Familien-Stammbaumes in Erscheinung. Ältere Familienglieder bestätigen, dass es bereits in früheren Generationen aufgetreten ist.

Unterscheidung
Durch die Gabe der Unterscheidung offenbart der Heilige Geist durch andere Christen auf sensible Weise die Sicht Gottes. Jesus scheint sich auf diese Gabe der Unterscheidung verlassen zu haben, als er sagte, dass die Krankheit im Falle des Blinden nicht auf die Sünden seiner Vorfahren zurückzuführen ist (Johannes 9,3).

Prophetische Offenbarung
In gleicher Weise sagt der Heilige Geist entweder zu uns selbst oder zu einer anderen Person, dass diese Sünde auf frühere Generationen zurückgeht. Er kann den Ursprung aufdecken oder auch nicht. Manchmal liegt das Einfallstor die Familie so weit zurück, dass sich in der jetzigen Generation niemand mehr daran erinnern kann. Da Gott weder an Zeit noch Raum gebunden ist, kann er Abschnitte erhellen und Offenbarung geben, auf die wir mit Glauben antworten können.

Nachfolgend eine (nicht vollständige) Liste von Symptomen und Problemen, die eine Folge von Sünden und Bindungen sein können, die schon seit Generationen bestehen:

- ❏ Zauberei/Okkultismus
- ❏ religiöse Sünden
- ❏ Lügen, Betrügen, Stehlen
- ❏ Süchte/Abhängigkeiten
- ❏ sexuelle Sünden/Missbrauch
- ❏ Ehebruch, Pornographie
- ❏ uneheliche Schwangerschaften
- ❏ Fehlgeburten, Abtreibungen
- ❏ Zeugungsunfähigkeit/Unfruchtbarkeit
- ❏ Gewalt, Wut, Mord
- ❏ physischer und verbaler Missbrauch
- ❏ Essstörungen
- ❏ Glücksspiele
- ❏ Scheidungen
- ❏ Selbstmord
- ❏ Schwächen
- ❏ Angst, Panikattacken
- ❏ Depressionen, psychische Krankheiten
- ❏ finanzielle Unsicherheiten, Armut, Schulden

Beobachtungen in unserer Familienlinie:

3. Aufarbeiten von Problemen, die schon seit Generationen bestehen

Obwohl die Bibel klar sagt, dass jeder Mensch für die Schuld seiner Sünde persönlich verantwortlich ist, spricht sie auch davon, dass Familien und Gemeinschaften die geistlichen Folgen für Sünden zu tragen haben, die in ihrer Mitte begangen wurden. Wenn diese Sünden durch ein Glied dieser Familie oder Gemeinschaft stellvertretend bekannt und bereut werden, wird das legale Anrecht des Feindes (topos) beseitigt.

Wenn du feststellst, dass du im Schatten von Festungen/Bindungen oder sündhaften Mustern lebst, die schon seit Generationen bestehen, kannst du Hoffnung schöpfen. Gott hat uns ein mächtiges Mittel zur Verfügung gestellt. Es ist Gottes Absicht, dass unser Leben und das unserer Familien, Gemeinden, Dienste oder Unternehmen in sein Design freigesetzt wird. Gott sucht nach Menschen, die bereit sind, für ihre Familien, Kirchen, Gemeinden „in die Bresche zu springen" (Hesekiel 22,30).

3. Mose 26,40-42 *Dann werden sie bekennen, dass sie und ihre Vorfahren mir die Treue gebrochen haben und nichts mehr von mir wissen wollten. Darum habe auch ich mich von ihnen abgewandt und sie ins Land ihrer Feinde gebracht. Doch wenn ihr stolzes Herz sich vor mir demütigt und ihre Schuld genug bestraft ist, dann werde ich an meinen Bund mit Jakob, Isaak und Abraham denken. Ich will mich daran erinnern, dass ich ihren Nachkommen das Land für immer versprochen habe.*

Lies: Nehemia 1,6; 9,1-2

Daniel 9,8-11 *Ja, Herr, uns steht die Schamröte im Gesicht, unseren Königen, Oberen und Vätern; denn wir haben uns gegen dich versündigt. Aber der Herr, unser Gott, schenkt Erbarmen und Vergebung. Ja, wir haben uns gegen ihn empört. Wir haben nicht auf die Stimme des Herrn, unseres Gottes, gehört und seine Befehle nicht befolgt, die er uns durch seine Diener, die Propheten, gegeben hat. Ganz Israel hat dein Gesetz übertreten, ist davon abgewichen und hat nicht auf deine Stimme gehört. Darum kamen der Fluch und die Verwünschung über uns, die im Gesetz des Mose, des Dieners Gottes, geschrieben stehen; denn wir haben uns gegen Gott versündigt.*

Daniel hat die Verantwortung auf sich genommen, für die Sünden des ganzen Volkes Busse zu tun. Seine Gebete haben den Himmel und die mächtigsten Engel Gottes in Bewegung gesetzt, um ihm eine Antwort zukommen zu lassen (Daniel 9,1-19; 10,12-14). Auch Nehemia nahm es auf sich, für die Sünden seiner Familie und seines Volkes stellvertretend zu beten, die Sünden zu bekennen und Busse zu tun (Nehemia 1,4-7). Schliesslich hat er das ganze Volk dazu angeleitet, das Gleiche zu tun (Nehemia 9). Jerusalem wurde wieder aufgebaut und das Volk verpflichtete sich, Gott wieder zu gehorchen und ihn zu ehren.

Die Folgen der Sünde können auf die nachfolgenden Generationen übergehen. Wenn sie sich aber mit den Sünden ihrer Vorfahren identifizieren (d.h. bekennen und umkehren), können sie von den Bindungen und Flüchen frei werden, die mit dieser Ungerechtigkeit der Vorfahren verbunden sind.

Wenn du das vorgeschlagene Gebet in vier Schritten anwendest, um die Macht der Generationensünden und Bindungen in deinem Leben zu brechen, solltest du bei diesem Gebet nicht nur an dich selbst denken, sondern auch die vor dir lebenden Generationen einschliessen. Bekenne die konkreten Sünden/ Bindungen, die du als Generationensünden erkannt hast, trenne dich davon, und unterbrich deren Einfluss auf dich und deine Familie.

Gebetsschritte in die Freiheit

Auf der Seite 127 findest du die Grafik und entsprechenden Gebetsschritte zur Zerstörung der Generationenfestung.

NOTIZEN

B. Seelische Bindungen

Es gibt legitime und gesunde seelische Bindungen oder „Seelenbande", die zu Gottes Plan für unser Leben gehören, z. B. zwischen Ehepartnern, Eltern und Kindern, Pastoren und ihren Gemeindegliedern oder zwischen geistlichen Vätern, Müttern und deren „Kindern". Aber selbst in diesen biblisch legitimen Beziehungen können sich unangemessene seelische Bindungen entwickeln. Das wird augenscheinlich, wenn sich in diesen Beziehungen ungesunde oder unerwünschte Begleiterscheinungen entwickeln. Das kann der Fall sein, wenn das Leben eines Menschen von Festungen oder Bindungen wie Angst, Zorn, Kontrolle, Scham, falschen Schuldgefühlen, Selbstzerstörungstendenzen usw. beherrscht wird.

„Leben in Freiheit" bedeutet, diese unsichtbaren, aber sehr realen und einengenden Beziehungsseile zu erkennen und zu durchtrennen. Wenn wir das tun, können wir gesunde Beziehungen mit anderen pflegen, die von keinen ungesunden, emotional/geistlich aufgeheizten Bindungen behindert werden.

1. Seelische Bindungen verstehen

Der Begriff „seelische Bindungen" kommt in der Bibel nicht direkt vor, aber er beschreibt eine Realität, die in der Bibel durchaus zu finden ist.

- Dieser Begriff beschreibt eine Beziehung, die auf mehr als nur einem Gebiet von den biblischen Maßstäben abweicht. Das führt in der Folge zu ungesunden Einflüssen auf die Beziehung.

- Damit ist oft eine geistliche Dynamik verbunden, die auf dämonischen Einfluss zurückgehen kann und ungesunde, unangemessene, unbiblische Auswirkungen auf eine Person hat.

- Die folgenden Bibelstellen beweisen diese Wahrheit: Der Bericht aus dem 1. Buch Mose bezieht sich auf Jakobs Beziehung zu seinem Sohn Benjamin und beschreibt die Verhandlung der Brüder mit Josef um Nahrungsmittel. Der zweite Bericht zeigt, wie der Apostel Petrus aus Furcht vor den anderen Ältesten zu einem sündhaften Verhalten verführt wurde.

1. Mose 44,30-31 *Wenn ich jetzt zu deinem Knecht, meinem Vater, käme, und der Knabe wäre nicht bei uns, da doch sein Herz so an ihm hängt, wenn er also sähe, dass der Knabe nicht dabei ist, würde er sterben. Dann brächten deine Sklaven deinen Knecht, unseren greisen Vater, vor Gram in die Unterwelt.*

Galater 2,11-13 *Als Kephas aber nach Antiochia gekommen war, bin ich ihm offen entgegengetreten, weil er sich ins Unrecht gesetzt hatte. Bevor nämlich Leute aus dem Kreis um Jakobus eintrafen, pflegte er zusammen mit den Heiden zu essen. Nach ihrer Ankunft aber zog er sich von den Heiden zurück und trennte sich von ihnen, weil er die Beschnittenen fürchtete. Ebenso unaufrichtig wie er verhielten sich die anderen Juden, so dass auch Barnabas durch ihre Heuchelei verführt wurde.*

2. Vier Merkmale ungesunder seelischer Bindungen

a) Seelische Bindungen können durch Sünde entstehen

- Sexuelle Sünden: vorehelicher oder außerehelicher Geschlechtsverkehr, Homosexualität und andere sexuelle Praktiken, die nicht mit Gottes Plänen übereinstimmen.

- Geistliche Sünden: Okkultismus, Beziehungen, die von religiösen Erfahrungen beherrscht werden, Schwüre oder Verträge, die durch religiöse Regeln eingegangen werden, Drogen, religiöse Sekten oder Organisationen.

b) Seelische Bindungen können durch falsches Vertrauen, Angst oder Anerkennungssucht entstehen

Menschenfurcht ist das Bedürfnis, die Anerkennung von Menschen über die von Gott zu stellen und dabei auch seine eigenen Grenzen nicht zu respektieren. Dies zeigt sich in folgenden Situationen:

- Wenn ich von Menschen so abhängig werde, dass ich ihre Meinung mehr fürchte als das, was Gott über mich denkt.
- Wenn ich von den Meinungen, Finanzen oder Wünschen anderer so sehr manipuliert werde, dass ich mich als Persönlichkeit nicht mehr entfalten kann und/oder keine Freiheit habe, ein Leben nach Gottes Plänen zu führen.
- Wenn ich mich dem Einfluss anderer Personen (auch wenn es sich dabei um Eltern oder den Ehepartner handelt) blind aussetze, ohne sachlich zu prüfen, ob dieser Einfluss biblisch richtig ist (in diesem Fall kann Passivität zu einem Verhalten führen, das nicht mit Gottes Wahrheit übereinstimmt).

c) Seelische Bindungen können durch Missbrauch oder Verletzungen entstehen

- Geistlicher, emotionaler, mentaler und sexueller Missbrauch haben destruktive und hemmende Auswirkungen auf das Denken, die Gefühle und den Willen eines Menschen. Diese Bindungen können den ganzen Menschen an Körper, Seele und Geist beeinträchtigen.

d) Seelische Bindungen behindern die Persönlichkeitsentfaltung

- Festungen wie Kontrolle, Manipulation, Eigennutz, Scham usw. schwächen die Identität, brechen den eigenen Willen und rauben die Sicht für die Wahrheit.
- Seelische Bindungen führen zu Verwirrung, Ängstlichkeit, Unruhe, Scham, Schuldgefühlen und/oder Unterdrückung.

3. Seelische Bindungen durchtrennen und Freiheit erfahren

a) Identifiziere Quelle und Ursache der seelischen Bindung!

Frage Jesus, ob und zu welcher Person eine seelisch ungesunde Beziehung aktiv ist.

b) Durchtrenne diese Bindung!

Wenn es dabei um persönliche Schuld geht:

- Bekenne deine eigene Sünde (wo habe ich selber davon profitiert, selber missbraucht und das System gestützt?).
- Sage im Gebet, dass du die seelische Bindung in der Autorität und durch das Blut Jesu Christi durchtrennst. Geh dabei nach dem Gebet in vier Schritten vor.

Wenn es sich dabei um Verletzungen oder Missbrauch handelt:

- Vergib dem/der Täter/in (nenne die Sache beim Namen) und segne ihn/sie.
- Bekenne jede persönliche Sünde, einschliesslich Bitterkeit, Groll, Zorn welche du als Reaktion auf die Bindung ausgelebt hast.
- Trenne dich im Gebet in der Autorität und durch das Blut Jesu Christi von jeglicher seelischen Bindung zu dieser Person. Geh dabei nach dem Gebet in vier Schritten vor.

Dieses Gebet kann dir für den letzten dieser Punkte eine Hilfe sein:

Herr, in der Autorität Jesu Christi, durch sein vergossenes Blut und durch die Kraft seiner Auferstehung, löse ich mich jetzt aus der seelischen Bindung mit _____. Ich bekenne, dass ich jetzt frei bin, mich allein dir und deinem Willen unterzuordnen. Ich befehle dem Feind im Namen Jesu, diese Beziehung nicht mehr zu beeinflussen, und ich verbiete ihm, sie auf irgendeine Weise wieder anzufachen. Ich will nicht mehr von quälenden Gedanken, verletzten Gefühlen, Scham, Schuldgefühlen, Kontrolle oder Angst vor dieser Person beherrscht werden. Ich gebe _____ aus jeder ungesunden Beziehung zu mir frei, und ich löse mich aus jeder ungesunden Beziehung zu ihm/ihr. Ich vergebe und segne _____ und ich lege sie/ihn in deine Hände. Amen.

C. Flüche

In einem Rundbrief der Hilfsorganisation „Brot für die Welt" (datiert vom Juli 2002) erschien auf der Titelseite unter der Überschrift „Die Macht der Zauberei brechen" ein Artikel, aus dem der folgende Auszug stammt:

„Der Glaube an das Übernatürliche hat in vielen Teilen der Welt grosse Macht über das Leben der Menschen. In Gorongosa, Mozambique, ist die Macht der Zauberei so stark, dass sie als zweithäufigste Todesursache gilt. Medizinmänner haben sogar eine Organisation gebildet, die ihre Interessen vertritt. Zauberei ist ein akzeptierter Teil der Gesellschaft. Daher sind dämonische Mächte nur schwer zu bekämpfen. Medizinmänner verbreiten Angst und Pastoren werden sogar mit Todesdrohungen schikaniert."

In der westlichen Welt werden Flüche mehrheitlich als Folklore, Aberglaube oder als Märchen bewertet. Unsere humanistische Prägung blendet diese unsichtbare Realität völlig aus und verharmlost die Wirkung. Anders sieht es in den Drittweltländern aus: Sie leben diese Kultur und bringen ihr den gebührenden Respekt entgegen.

1. Flüche biblisch und praktisch verstehen

Die Bibel hat über Flüche viel zu sagen – viel mehr, als in diesem Kurs angesprochen werden kann. Gottes Wort gibt uns für den Umgang mit Flüchen sowohl eine Verheissung als auch ein Gebot. Die Verheissung lautet: „Wie der Spatz wegflattert und die Schwalbe davonfliegt, so ist ein unverdienter Fluch; er trifft nicht ein" (Sprichwörter 26,2).

Jesus hat im Hinblick auf Flüche befohlen: „Segnet die, die euch verfluchen; betet für die, die euch misshandeln" (Lukas 6,28).

Definition nach „Webster's Dictionary":

Fluch (Substantiv):
- Anrufung Gottes/der Götter, um etwas Böses zu schicken, um einer Person oder einer Sache zu schaden
- Blasphemischer Eid; Verwünschung
- Etwas Verfluchtes
- Etwas Böses oder ein Schaden, der als Antwort auf einen Fluch zu kommen scheint

Fluchen (Verb):

- Einen bösen Wunsch gegen andere aussprechen, ihnen etwas Böses wünschen, sie verwünschen
- Andere quälen, etwas Bösem aussetzen, mit einem Fluch belegen, etwas Böses oder Schaden über sie bringen.

Beschreibung

In unterschiedlichen Kulturen glaubt man, dass man über seinen Feinden einen Fluch aussprechen und übernatürliche Wesen oder eine Gottheit dafür gewinnen kann, diesen auszuführen. Auf diese Art ist es möglich, anderen jede Art von Unglück, Krankheit oder Not zu zufügen. Es ist erstaunlich, wie oft diese Theorie von Segen und Fluch im Alten Testament bestätigt wird. Noah hat Kanaan verflucht, aber Sem und Jafet gesegnet (siehe 1. Mose 9,25-27), und die Geschichte hat seine Worte bestätigt.

Ein Fluch wird als etwas verstanden, das Macht, Kraft und Energie hat und sich in einem Schmerz ausdrückt, der zu fürchten und zu meiden ist. Ein Fluch wird nicht nur als Wunsch verstanden, seinen Feinden zu schaden, sondern als eine starke Kraft, die gesprochene Worte im Sichtbaren manifestieren kann.

2. Ursachen und Einfallstore für Flüche

Generationenschuld

- Ein Fluch kann die Folge einer sündhaften Praxis, einer hartnäckigen Sünde und/oder auch einer okkulten Praxis früherer Generationen sein.
- Selbst Worte, die in früheren Generationen ausgesprochen wurden, können nachfolgende Generationen unter einen Fluch bringen.

2. Samuel 3,28-29 *Als David später davon hörte, sagte er: Ich und mein Königtum sind vor dem Herrn für alle Zeit ohne Schuld am Blut Abners, des Sohnes Ners. Sie falle auf Joab und seine ganze Familie zurück. Immer soll es in Joabs Familie Menschen geben, die an Blutungen und Aussatz leiden, die an Krücken gehen, durch das Schwert umkommen und denen es an Brot mangelt.*

2. Samuel 21,1 *Zur Zeit Davids herrschte drei Jahre hintereinander eine Hungersnot. Da suchte David den Herrn auf (um ihn zu befragen). Der Herr sagte: Auf Saul und seinem Haus lastet eine Blutschuld, weil er die Gibeoniter getötet hat.*

Josua 6,26 *Damals schwor Josua: Verflucht beim Herrn sei der Mann, der es unternimmt, diese Stadt Jericho wieder aufzubauen. Seinen Erstgeborenen soll es ihn kosten, wenn er sie neu gründet, und seinen Jüngsten, wenn er ihre Tore wieder aufrichtet.*

1. Könige 16,34 *In seinen Tagen baute Hiël aus Bet-El Jericho wieder auf. Um den Preis seines Erstgeborenen Abiram legte er die Fundamente, und um den Preis seines jüngsten Sohnes Segub setzte er die Tore ein, wie es der Herr durch Josua, den Sohn Nuns, vorausgesagt hatte.*

Umgang mit unreinen oder verfluchten Gegenständen

Der Feind kann durch unreine Gegenstände oder Praktiken ein Anrecht auf eine Familie oder Gemeinschaft bekommen. Der Umgang mit unreinen oder verfluchten Objekten, die überwiegend bei dämonischer Götzenanbetung oder als okkulte Gegenstände benutzt werden, kann einen Fluch heraufbeschwören.

2. Korinther 6,17 *Zieht darum weg aus ihrer Mitte, und sondert euch ab, spricht der Herr, und fasst nichts Unreines an. Dann will ich euch aufnehmen.*

Hesekiel 44,23 *Sie sollen mein Volk über den Unterschied zwischen heilig und nicht heilig belehren und ihnen den Unterschied zwischen unrein und rein deutlich machen.*

Diese Gegenstände müssen identifiziert, aufgegeben und vernichtet werden, um das legale Anrecht des Feindes zu beseitigen und die Freiheit wiederherzustellen, damit Gottes Gegenwart und Kraft in unserem Leben wieder fliessen kann.

Apostelgeschichte 19,18-20 *Viele, die gläubig geworden waren, kamen und bekannten offen, was sie (früher) getan hatten. Und nicht wenige, die Zauberei getrieben hatten, brachten ihre Zauberbücher herbei und verbrannten sie vor aller Augen. Man berechnete den Wert der Bücher auf fünfzigtausend Silberdrachmen. So wuchs das Wort des Herrn mit Macht und wurde stark.*

Verunreinigung von Orten

Es gibt dämonisch verunreinigte religiöse Orte, die verflucht sein können. Wenn man diese auf Reisen besucht und/oder von solchen Orten Gegenstände mitnimmt, kann es mitunter zu Problemen kommen.

5. Mose 7,25-26 *Ihre Götterbilder sollt ihr im Feuer verbrennen. Du sollst nicht das Silber oder Gold haben wollen, mit dem sie überzogen sind. Du sollst es nicht an dich nehmen, damit du dabei nicht in eine Falle läufst. Denn es ist dem Herrn, deinem Gott, ein Gräuel. Du sollst aber keinen Gräuel in dein Haus bringen, sonst bist du wie er der Vernichtung geweiht. Du sollst Grauen und Abscheu vor ihm haben, denn er ist der Vernichtung geweiht.*

Verbindung mit dämonischen Ritualen und unreinen Praktiken

Flüche können z. B. auf die Beschäftigung mit dämonischen Spielen, auf Musik oder Rituale zurückgehen. Dazu gehören auch das Ouija-Brett, spiritistische Sitzungen, Astralprojektion, Telepathie, Dämonenverehrung etc.

Hesekiel 8,9-10 *Er sagte zu mir: Geh hinein, sieh dir die schlimmen Gräueltaten an, die man dort begeht. Ich ging hinein und sah: viele Bilder von abscheulichen kleinen und großen Tieren und allen Götzen des Hauses Israel; sie waren ringsum in die Wand eingeritzt.*

Flüche, die über bestimmten Orten liegen, können auch geistliche Auswirkungen von Entweihungen oder Missbräuchen sein, die an solchen Orten stattgefunden haben, oder sie können eine Folge von schlimmen sündhaften Praktiken sein, die hier vorgenommen wurden.

Verfluchung durch Worte

Worte können bewusste oder unbewusste Verträge sein, die dem Feind ein legales Anrecht (topos) auf unser Leben geben. Solche Worte beziehen ihre Macht und Energie im himmlischen Bereich, egal ob es Worte des Segens oder des Fluchs sind.

Sprichwörter 18,21 *Tod und Leben stehen in der Macht der Zunge; wer sie liebevoll gebraucht, genießt ihre Frucht.*

Der Apostel Jakobus bezeichnete auch verletzende Worte als Flüche.

Jakobus 3,8-10 *Doch die Zunge kann kein Mensch zähmen, dieses ruhelose Übel, voll von tödlichem Gift. Mit ihr preisen wir den Herrn und Vater, und mit ihr verfluchen wir die Menschen, die als Abbild Gottes erschaffen sind. Aus ein und demselben Mund kommen Segen und Fluch. Meine Brüder, so darf es nicht sein.*

Eine verbale Verfluchung kann ein selbstauferlegter Fluch sein:

❒ „Ich bin so dumm ..."

❒ „Ich werde niemals ..."

❒ „Ich werde immer arm sein ..."

❒ Singen von Liedern mit destruktivem Inhalt (z. B. „Männer sind Schweine")

Verbale Verfluchungen können andere betreffen:

❒ „Du kannst auch nichts richtig machen!"

❒ „Du Idiot!" (Beschimpfen)

❒ Aussprüche über Kindern wie:

  ❒ „Du bist ein solcher Tollpatsch, sie ist immer ungeschickt"

  ❒ „Du lügst immer"

  ❒ „Du wirst nie ein richtiger Mann/eine Frau/Mutter usw."

  ❒ „Spitzname"

  ❒ „Du wirst dich nie selber ernähren

❒ „Du bist unbrauchbar für Gott"

Einige Beispiele dafür, wo verbale Verfluchungen aufzuspüren sind:

• Negatives Selbstgespräch
• Flüche, die von Autoritätspersonen in unser Leben kommen (Worte von Eltern, Lehrern, Betreuern usw.)
• Flüche, die von anderen aufgrund von Eifersucht, Streit, Verleumdung oder Klatsch ausgesprochen werden.

3. Flüche beseitigen und Freiheit erfahren

a) Beseitige jedes legale Anrecht

Das geschieht, indem du alle Sünden bekennst (verwende dazu das Umkehr-Gebet in vier Schritten) und/oder jedem vergibst, der dich verletzt oder einen Fluch gegen dich ausgesprochen hat.

b) Verkünde deine Freiheit

1. Schritt: Bekenne alle Sünden (und auch alle Generationensünden, falls das zutrifft), die dem Feind ein legales Anrecht (topos) auf dein Leben geben, und geh dabei nach dem Umkehr-Gebet in vier Schritten vor.

2. Schritt: Bitte Gott, den Fluch wegzunehmen, der über deinem Leben liegt, weil deine Sünden vergeben sind und er versprochen hat, dass kein unverdienter Fluch eintreffen wird.

3. Schritt: Weise alle dämonische Aktivitäten und Einflüsse zurück, die mit diesem Fluch verbunden sind, und befiehl im Namen Jesu allen dämonischen Wesen, die mit diesem Fluch verbunden sind, zu verschwinden.

Du kannst z. B. auf folgende Weise beten:

Im Namen Jesu Christi, durch sein vergossenes Blut und die Kraft seiner Auferstehung, ergreife ich jetzt die Autorität über diesen Fluch _____. Ich erkläre, dass es in meinem Leben keinen Grund mehr dafür gibt, und ich befehle, dass er aufgehoben und gebrochen wird.

c) Weise alle unrechtmäßigen Flüche von dir

Dies betrifft Flüche, die von anderen Personen über deinem Leben ausgesprochen wurden, von Menschen, die du kennst, oder von solchen, die sich bewusst in Satans Reich engagieren. Diese Festlegungen gehen nicht auf deine eigenen Sünden oder Aktivitäten zurück. Deshalb ist auch kein Sündenbekenntnis nötig – weise den Fluch einfach von dir.

Sprichwörter 26,2 *Wie der Spatz wegflattert und die Schwalbe davonfliegt, so ist ein unverdienter Fluch; er trifft nicht ein.*

1. Schritt: Sprich laut und ergreife die Autorität über den Fluch, indem du im Namen Jesu befiehlst, dass er gebrochen wird.

Du kannst folgendermaßen beten:

In der Autorität Jesu Christi, durch sein vergossenes Blut und die Kraft seiner Auferstehung ergreife ich jetzt die Autorität über diesen Fluch _____ und befehle, dass er jetzt aufgehoben und gebrochen wird!

2. Schritt: Weise den Fluch von dir und befiehl im Namen Jesu allen dämonischen Wesen, die mit diesem Fluch verbunden sind, dich zu verlassen!

3. Schritt: Vergib allen, die dich verflucht haben und segne diese Menschen.

Lies: Lukas 6,28

4. Schritt: Empfange Rückerstattung und den vollen Segen durch den Heiligen Geist.
Der Fluch hängt am Kreuz. Galater 3,13

d) Reinige deine Wohnung und dein Leben von allen unreinen Gegenständen und/oder Praktiken.

Josua 24,15 *Ich aber und mein Haus, wir wollen dem Herrn dienen.*

e) Lebe im gegenteiligen Geist – in der Freiheit und in der Kraft des Segnens

Römer 12,14 *Segnet eure Verfolger; segnet sie, verflucht sie nicht!*

• Wenn wir andere Menschen im Gebet grosszügig segnen, wird Gott sie segnen.

• Wenn wir Gott anrufen und andere mit unseren Worten aufbauen, ermutigen und stärken, wird Gott diese Worte bevollmächtigen und dazu benutzten, um seinen Segen auf die Menschen zu giessen.

Wir können Flüche, die mit Generationensünden oder seelischen Bindungen verbunden sind, brechen und mit Gottes Gnade, Segen, Kraft und Liebe austauschen. Es gehört zu einem siegreichen Leben in Freiheit, dass Satans finstere Pläne durchkreuzt werden, damit Gottes Absichten offenbar werden und unser Design zum Leben kommt.

Galater 5,1 *Zur Freiheit hat uns Christus befreit. Bleibt daher fest und lasst euch nicht von neuem das Joch der Knechtschaft auflegen!*

Webster's New Twentieth Century Dictionary of the English Language, hrsg. v. Jean L. McKechnie, (William Collins u. World Publishing Company; 1977).
Merrill C. Tenney, Hrsg.: The Zondervan Pictorial Encyclopedia of the Bible, (Grand Rapids; Zondervan, 1975).

Zusätzliche Ressourcen

In diesem Teil wirst du weitere Anregungen finden, die dir helfen sollen, weiter in Freiheit zu leben. Du findest ab der Seite 116 praktische Hilfestellungen die du für jedes deiner Themen einsetzen kannst.

Diese Gedanken und Einsichten sowie die verwendeten Bibelstellen sollen dazu beitragen, dass du die Wahrheit über Gottes große Liebe und seinen Plan für uns erkennst, um danach zu leben. Wenn unser Denken erneuert wird, werden wir verändert!

Römer 12,2 *Gleicht euch nicht dieser Welt an, sondern wandelt euch und erneuert euer Denken, damit ihr prüfen und erkennen könnt, was der Wille Gottes ist: was ihm gefällt, was gut und vollkommen ist.*

Wir behandeln im folgenden sechs Problemfelder, um dir zu helfen, aus bestimmten Bindungen in deinem Leben auszubrechen. Diese beziehen sich auf:

1. Zorn
2. Furcht und Unglaube
3. Minderwertigkeit und Bedeutungslosigkeit
4. Passivität
5. Ablehnung
6. Scham und Hoffnungslosigkeit

Du kannst diese Liste allein, mit einem Gebetspartner oder in einer Kleingruppe durcharbeiten. Erlaube dem Heiligen Geist, dass er durch andere zu dir spricht und aufzeigt, wie es in deinem Herzen, Denken und Leben zu solchen „Festungen" gekommen ist. In manchen Gemeinden, die den Kurs „Leben in Freiheit" anbieten, wird zusätzlich eine Sitzung mit einem Gebetsteam angeboten, um Menschen zu helfen, diese Dinge im Gebet aufzuarbeiten. Wir möchten dich ermutigen, dieses Angebot wahrzunehmen und zu nutzen. Du wirst durch die Gebete deiner Brüder und Schwestern in Christus zweifellos Hilfe erfahren, gesegnet sein und zu einem Leben in Freiheit ermutigt werden. Du findest auf der Seite 123 (Übungsblatt Erkennen der Wurzel) eine praktische Hilfestellung, die du für jedes dieser Themen einsetzen kannst.

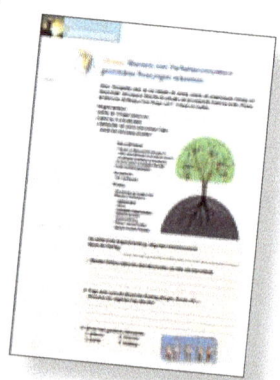

Vergiss nicht, dass Freiheit nicht bedeutet, dass wir mit solchen Problemen nie wieder zu tun haben werden. Es bedeutet aber, dass diese keine Macht mehr haben, uns zu beherrschen.

Galater 5,1 *Zur Freiheit hat uns Christus befreit. Bleibt daher fest und lasst euch nicht von neuem das Joch der Knechtschaft auflegen!*

Zorn

Die Bibel sagt, dass Zorn zerstört und etwas kaputt macht – bei uns und auch bei anderen in unserer Umgebung. Gottes Plan für uns Menschen besteht aber darin, dass wir nicht von Zorn beherrscht werden, sondern dass wir davon frei werden. „Der Dummkopf gibt jedem Ärger freien Lauf", heißt es in der Bibel, aber „der Weise kann sich beherrschen" (Sprichwörter 29,11 GN).

Es wird dich vielleicht überraschen, dass Zorn an sich keine primäre Emotion oder eine „Festung" ist. Zorn ist in der Tat eine „sekundäre Emotion", was bedeutet, dass darunter noch andere Dinge liegen, die ihn auslösen oder provozieren können. Diese Dinge können Verletzungen wie Ungerechtigkeit, Verrat, Verlassenheit, Ablehnung, Groll, Bitterkeit, Unversöhnlichkeit u. a. sein.

Viele Menschen leben mit einem hintergründigen Zorn, durch den alles gefiltert wird, was sie sehen, hören und/oder sagen. Manche kämpfen sogar mit Zornausbrüchen oder Wutanfällen. Zorn ist ein guter diagnostischer Hinweis darauf, dass darunter noch etwas viel Tieferes liegt, das man ansprechen sollte.

Da man Zorn in einer einzigen Sitzung oder einem einzelnen Gebet natürlich nicht umfassend behandeln kann, soll dieses Kapitel nur als Einführung dienen. Damit wirst du die Dynamik von Zorn (und der damit verbundenen Festungen) zu verstehen und beginnen, diesen merklich den Boden in deinem Leben zu entziehen. Die im Kapitel angegebenen Hinweise enthalten jedoch alles Wesentliche, das du wissen musst, um weiter Schritt für Schritt aus allen Festungen von Zorn bzw. Ungerechtigkeiten und Unversöhnlichkeit auszubrechen und so in immer größere Freiheit zu kommen.

I. Wurzeln von Zorn

A. Ungerechtigkeiten

Ungerechtigkeit wird am besten als unbegründete und unverdiente Verletzung definiert, die in Form von Ablehnung und/oder Leiden auf uns gekommen ist. Wir realisieren, dass wir nichts getan haben, was diese Behandlung rechtfertigt und dass es auch keinen Schutz davor gibt. Mit anderen Worten: Diese Dinge liegen in der Vergangenheit und sind auch nicht mehr zu ändern.

Ungerechtigkeit zeigt sich normalerweise in verstecktem Zorn und in Traurigkeit. Wir denken, dass es gerechtfertigt ist, an diesen Gefühlen festzuhalten, weil uns etwas Unfaires zugestoßen ist. Wir glauben, dass unser Zorn, unsere Traurigkeit oder Bitterkeit berechtigt sind.

Wenn wir aber Fortschritte in unserem „Freiheitsprozess" machen, werden wir meist ein vollständigeres Bild davon bekommen, was in unserer Vergangenheit geschehen ist. Während unser Verständnis zunimmt, taucht oft das Thema der Ungerechtigkeit auf. Die Freiheit kommt erst, wenn unser partielles Verständnis zu einem vollständigen Verstehen wird, und wenn wir allen, die uns abgelehnt oder etwas angetan haben, völlig vergeben. Wir lassen die Vergangenheit frei. Wir verzichten auf unser Recht. Wir verzichten darauf, zornig, gekränkt, bitter oder verletzt zu sein.

Ungerechtigkeit kann unser Leben sehr stark beeinflussen. Wir können unter den Folgen einer realen oder angenommenen Ungerechtigkeit wie unter einer ständigen Wolke leben, ohne es zu wissen. Um wirklich in Freiheit zu leben, ist es wichtig, die Spannungen und Gefühle anzusprechen, die eine Ungerechtigkeit begleiten.

B. Unversöhnlichkeit

Unversöhnlichkeit steht mit den Ungerechtigkeiten unseres Lebens in direkter Verbindung. Infolge dieser Unversöhnlichkeit leben wir oft mit unverheilten Wunden. Sie bringt Früchte wie Bitterkeit, Zorn, Ärger und Wut hervor und öffnet dem Feind Türen aller Art, damit er sich in unserem Leben fest niederlassen kann. Wenn die Fesseln der Unversöhnlichkeit gelöst werden, kommt Heilung in unser Leben und die Liebe Gottes kann anfangen, von uns zu anderen zu fließen.

Vergebung ist nötig, wenn wir auf die eine oder andere Art verletzt wurden, sei es durch Ungerechtigkeit oder irgendwie sonst. Bevor die Versöhnung und Wiederherstellung stattfinden kann, gilt es eine Schuld zu bezahlen. Diese Schuld kann emotionaler, finanzieller oder physischer Art sein, sie kann mit der Beziehung zu tun haben, Folge eines Betrugs sein oder unseren Ruf betreffen. Wie dem auch sei, man ist uns etwas schuldig geblieben.

Um zu vergeben, müssen wir uns dafür entscheiden, die Täter (oder die verletzenden Situationen) aus ihrer Schuld uns gegenüber zu entlassen. Wir hören auf zu erwarten, dass sie die Schuld bezahlen und für diese Ungerechtigkeit büßen. Genau das hat Jesus getan, als er uns die Schuld für unsere Sünden und Vergehen erlassen hat.

II. Zorn erkennen

Nachfolgend ein Arbeitsblatt, das dir helfen soll, dich aus den Fesseln zu befreien, die eine Folge von Ungerechtigkeit, Unversöhnlichkeit und Zorn sein können (Vergleichbar mit den Früchten am Baum - wie sich die Festung manifestiert). Der erste Teil ist eine Hilfe zum Erkennen, wie der Zorn in unserem Leben Fuß fassen kann. Kreuze bitte das zutreffende Kästchen an:

❏ Ich bin relativ glücklich, aber dann schlägt meine Stimmung plötzlich um.
❏ Wenn ich etwas mitteilen möchte, das ich betonen will, werde ich laut.
❏ Ich bin oft ausgesprochen ungeduldig mit anderen, was oft in Verzweiflung mündet. „Warum haben die bloß keine Ahnung?"
❏ Ich ahne oft, wie sich andere verhalten werden und werde dann zornig, wenn es tatsächlich eintrifft.
❏ Ich werde zornig, wenn andere meine Gedanken nicht lesen können. Ich hätte gerne, dass andere genauso denken wie ich und vorhersehen können, was ich brauche.
❏ Ich ärgere mich, wenn mein Beitrag nicht gewürdigt wird.
❏ Ich ärgere mich, wenn ich den Eindruck habe, dass ich nicht respektiert werde oder meine Worte nicht ernst genommen werden.
❏ Ich weiß, dass mein Ärger mit dem Reden in meinem Kopf zu tun hat (mich selbst oder andere verfluchen).
❏ Ich weiß dass ich zornig bin, weil ich nicht hören will, was der andere sagt.
❏ Ich werde zornig, wenn ich von anderen nicht bevorzugt behandelt werde.
❏ Ich ärgere mich, wenn ich nicht bekomme, was ich brauche.
❏ Ich ärgere mich, wenn andere nicht tun, was ich sage.
❏ Ich ärgere mich, wenn ich eine bestimmte Situation nicht kontrollieren kann.
❏ Ich ärgere mich, wenn andere vermuten, dass ich etwas falsch gemacht habe.
❏ Ich ärgere mich, wenn ich das Gefühl habe, durch meinen Job, meine Finanzen, persönliche Verpflichtungen und/oder Erwartungen zusätzlichen Stress zu bekommen.
❏ Ich verteidige gerne mich oder andere.
❏ Ich sehe schnell den Fehler der anderen.
❏ Ich suche nach Gelegenheiten, um alte Verletzungen wieder auf den Tisch zu bringen.

- ☐ Mir fällt auf, dass ich oft negativ oder kritisch über andere rede.
- ☐ Der Satz „Das verdiene ich nicht!" geht mir häufig durch den Kopf.
- ☐ Ich sage, dass ich vergeben habe, aber die Sache geht mir immer wieder durch den Kopf.
- ☐ Ich bin schnell frustriert über die Fehler und Schwächen der anderen.
- ☐ Ich werde leicht ungeduldig.
- ☐ Ich habe den Eindruck, dass mein Leben viel schwerer als das der anderen ist. Ich denke oft: „Ich habe wirklich ein schweres Los gezogen."

Das Heilmittel für Zorn heißt Vergebung. Das ist der Grund, warum es so wichtig ist, dass wir Gottes Vergebung für unsere eigenen Sünden verstehen und auch erfahren. Gott hat sich dafür entschieden, uns nicht für unser Vergehen zur Verantwortung zu ziehen, sondern uns zu vergeben (Psalm 103,12; Jesaja 43,25; 55,7).

Unversöhnlichkeit hat ihren Preis. Wenn jemand gegen uns sündigt, uns verletzt oder weh tut, verlangt unser Gerechtigkeitssinn, dass wir für dieses Vergehen auf faire Weise entschädigt werden. Wenn die betreffende Person nicht bezahlen kann oder will, können wir uns über diese Ungerechtigkeit zornig und bitter werden – oder dem anderen vergeben und Frieden bekommen.

Vergebung ist natürlich nicht leicht, besonders wenn uns etwas sehr verletzt oder geschadet hat. Doch wenn wir dem anderen vergeben, werden wir selbst frei von den Auswirkungen dieser destruktiven Haltungen. Ein Gradmesser dafür, ob wir einem Menschen wirklich vergeben haben, besteht darin, ob wir dem, der uns verletzt hat, mit Hilfe des Heiligen Geistes einen kraftvollen Segen zusprechen können.

III. Erkennen von Ungerechtigkeit und Unversöhnlichkeit

Der nächste Abschnitt soll dir helfen, Ungerechtigkeiten zu identifizieren, die du erfahren hast und/oder festzustellen, wo es in deinem Leben noch Unversöhnlichkeit gibt, angefangen bei deiner Ursprungsfamilie (Vergleichbar mit den Wurzeln des Baumes - mögliche Ursachen der Festung). Diese Liste ist einfach ein Werkzeug, das dir helfen soll, ein Leben zu führen, das frei von Unversöhnlichkeit und Zorn ist. Bitte den Heiligen Geist, zu dir zu sprechen, bevor du beginnst. Bitte Gott, so wie David es machte: „Erforsche mich, Gott, und erkenne mein Herz, prüfe mich, und erkenne mein Denken! Sieh her, ob ich auf dem Weg bin, der dich kränkt, und leite mich auf dem altbewährten Weg!" (Psalm 139,23-24)

A. Biologischer Vater / Stiefvater

Hat es in deiner Beziehung folgende Dinge gegeben?

- ☐ Verzweiflung: übermäßige Strafen oder Disziplinieren auf eine Art, die dich innerlich zerbrochen und über dein falsches Tun in Verwirrung gestürzt hat.
- ☐ Kontrolle/Manipulation
- ☐ Fehlende geistliche Leitung: Hat dein Vater über den geistlichen Zustand des Hauses gewacht?
- ☐ Vernachlässigung: Hat dein Vater genügend Zeit mit dir verbracht?
- ☐ Im Stich lassen: Wurdest du ständig vor den Fernseher gesetzt oder in die Obhut fremder Leute gegeben?
- ☐ Ablehnung: Warst du ein gewolltes Kind? Wurdest du von deinem Vater akzeptiert? Hattest du je das Gefühl, nicht das richtige Geschlecht oder die Person zu sein, die sich deine Eltern gewünscht haben?
- ☐ Passivität: Hatte dein Vater das Sagen im Haus? Hat dein Vater die Initiative ergriffen? Hat er deiner Mutter erlaubt, das zu tun, was Gott von ihr erwartet?
- ☐ Kritik: Hat dein Vater deine Fähigkeiten kritisiert?
- ☐ Leistungsbedingte Akzeptanz und Liebe: Wurdest du nur dann mit ermutigenden Worten belohnt, wenn du den Erwartungen deines Vaters entsprachst?
- ☐ Alkoholmissbrauch
- ☐ Drogenmissbrauch
- ☐ Pornographie
- ☐ Ehebruch
- ☐ Scheidung
- ☐ Körperlicher Missbrauch
- ☐ Emotionaler Missbrauch
- ☐ Sexueller Missbrauch

Die folgenden Bereiche beziehen sich auf Versäumnisse bzw. Dinge, die dein Vater nicht getan hat. Diese Versäumnisse haben oft schädlichere Auswirkungen als Sünden, die tatsächlich begangen wurden:

- ❏ keine Zuneigung zeigen
- ❏ nicht segnen
- ❏ nicht mit Worten ermutigen
- ❏ Disziplin vorenthalten

Auch diese Bereiche können zu viel Kränkung und Bitterkeit führen:

- ❏ Wurden dir deine Geschwister vorgezogen, so dass du bitter wurdest?
- ❏ Wurde deine Mutter von deinem Vater so behandelt, dass du bitter wurdest?

Alles, was du auf der vorhergehenden Liste entdeckt hast, muss ans Kreuz Jesu gebracht und dort gelassen werden. Der Einfachheit halber haben wir ein Gebet vorbereitet, um dir zu helfen, das zu tun. Es ist hilfreich, wenn du mit jemandem betest, der dir dabei helfen kann. Die Bibel sagt, dass wir geheilt werden, wenn wir voreinander unsere Sünden bekennen (Jakobus 5,16).

„Lieber Himmlischer Vater, ich vergebe meinem Vater/Stiefvater folgende Sünden _____
_____ .

(Nenne alle Sünden, die du deinem Vater vergeben musst und gehe dabei die ganze Liste auf einmal durch.) Ich bitte dich, mir die Sünde der Unversöhnlichkeit zu vergeben, weil ich meinem Vater diese Sünden nachgetragen habe. Bitte vergib mir meine Bitterkeit, meinen Zorn und meinen Groll auf meinen Vater. Ich bitte dich um Vergebung für die Rebellion gegenüber meinem Vater. Ich breche jetzt alle Flüche, negativen Gedanken und Verleumdungen, die ich über ihn verbreitet habe. Und ich ersetze diese Flüche jetzt durch aufrichtige Segensworte!
Herr, ich möchte jetzt für meinen Vater beten und ihn segnen. (Bete kraftvoll, aus ganzem Herzen und mit ganzer Kraft; bete mit lauter Stimme und im Gauben.) Ich bete, dass du ihn...

- ❏ segnest und erlöst
- ❏ mit der gleichen Freiheit segnest, die ich heute gefunden habe
- ❏ mit einem neuen, weichen Herzen segnest
- ❏ seine Ehe segnest
- ❏ seine Finanzen und seine Arbeit segnest
- ❏ mit Freude, Friede, Freundlichkeit, Liebe und allen Früchten des Heiligen Geistes segnest
- ❏ segnest, damit er frei von Verurteilung und Scham wird und seine Wunden zu heilen beginnen
- ❏ segnest mit einem langen Leben und guter Gesundheit
- ❏ segnest, um von allen finsteren Plänen Satans frei zu kommen

Ich erkläre, dass ich meinen Vater liebe. Wenn ich ihn durch deine Augen sehe, kann ich auch seine Verletzungen und Schmerzen erkennen. Ich bitte dich im Glauben, dass du deine Gnade und Liebe über ihn ausgießt. Herr, mach es jetzt! Meine Fesseln sind zerbrochen und ich stehe in Freiheit vor dir. Danke für die Macht des Kreuzes.

(Hinweis: Falls dein Vater schon gestorben ist, so bitte Gott, sein Andenken und die Frucht seines Lebens zu segnen.)

Bete das folgende Gebt mit Überzeugung, aus ganzem Herzen und im Glauben, dass Gott auf machtvolle Weise handeln wird:

„Vater, ich gebe jetzt meinen Zorn, meine Bitterkeit und Unversöhnlichkeit auf. Ich verzichte darauf, gekränkt und beleidigt zu sein. Ich gebe mein Recht auf Wiedergutmachung auf. Ich übergebe dir jetzt die Beziehung zu meinem Vater und erkläre, dass sie in deinen Händen ist. Ich bin nicht verantwortlich für Dinge, die nur du tun kannst. Ich durchtrenne jetzt diese Fesseln! Und ich weise die Geister der

- ❏ Ablehnung
- ❏ des Zorns
- ❏ der Unversöhnlichkeit   ❏ _____
- ❏ des Verlassenwerdens   ❏ _____
- ❏ der Bitterkeit
- ❏ der Trennung von mir."   ❏ _____

Sollten nochmals Gedanken der Bitterkeit auftauchen, so weise diese von dir und bleib dabei, ihm nichts nachzutragen. Vielleicht kannst du deinem Vater einen kurzen Brief schreiben, um ihm mitzuteilen, dass du ihn liebst. Schreibe einen aufrichtigen Segen. Kritisiere nicht, sondern segne nur und überlasse Gott den Rest. Auch wenn dein Vater bereits gestorben sein sollte, wirst du großen geistlichen Nutzen daraus ziehen, wenn du schreibst, dass du ihm vergeben hast.

B. Biologische Mutter / Stiefmutter

Hat es in deiner Beziehung folgende Dinge gegeben?

- ❏ Verzweiflung: übermäßige Strafen oder Disziplinieren auf eine Art, die dich innerlich zerbrochen und über dein falsches Tun in Verwirrung gestürzt hat.
- ❏ Kontrolle/Manipulation
- ❏ Fehlende geistliche Leitung: Hat deine Mutter über den geistlichen Zustand des Hauses gewacht?
- ❏ Vernachlässigung: Hat deine Mutter genügend Zeit mit dir verbracht?
- ❏ Im Stich lassen: Wurdest du ständig vor den Fernseher gesetzt oder in die Obhut fremder Leute gegeben?
- ❏ Ablehnung: Warst du ein gewolltes Kind? Wurdest du von deiner Mutter akzeptiert? Hattest du je das Gefühl, nicht das richtige Geschlecht oder die Person zu sein, die sich deine Eltern gewünscht haben?
- ❏ Passivität: Hatte deine Mutter das Sagen im Haus? Hat deine Mutter die Initiative ergriffen? Hat sie deinem Vater erlaubt, das zu tun, was Gott von ihm erwartet?
- ❏ Kritik: Hat deine Mutter deine Fähigkeiten kritisiert?
- ❏ Leistungsbedingte Akzeptanz und Liebe: Wurdest du nur dann mit ermutigenden Worten belohnt, wenn du den Erwartungen deiner Mutter entsprachst?
- ❏ Alkoholmissbrauch
- ❏ Drogenmissbrauch
- ❏ Pornographie
- ❏ Ehebruch
- ❏ Scheidung
- ❏ Körperlicher Missbrauch
- ❏ Emotionaler Missbrauch
- ❏ Sexueller Missbrauch

Die folgenden Bereiche beziehen sich auf Versäumnisse bzw. Dinge, die deine Mutter nicht getan hat. Diese Versäumnisse haben oft schädlichere Auswirkungen als Sünden, die tatsächlich begangen wurden:

- ❏ keine Zuneigung zeigen
- ❏ nicht segnen
- ❏ nicht mit Worten ermutigen
- ❏ Disziplin vorenthalten

Auch diese Bereiche können zu viel Kränkung und Bitterkeit führen:

- ❏ Wurden dir deine Geschwister vorgezogen, so dass du bitter wurdest?
- ❏ Wurde dein Vater von deiner Mutter so behandelt, dass du bitter wurdest?

Alles, was du auf der vorhergehenden Liste entdeckt hast, muss ans Kreuz Jesu gebracht und dort gelassen werden. Der Einfachheit halber haben wir ein Gebet vorbereitet, um dir zu helfen, das zu tun. Es ist hilfreich, wenn du mit jemandem betest, der dir dabei helfen kann. Die Bibel sagt, dass wir geheilt werden, wenn wir voreinander unsere Sünden bekennen (Jakobus 5,16).

„Lieber himmlischer Vater, ich vergebe meiner Mutter/Stiefmutter folgende Sünden _____. *(Nenne alle Sünden, die du deiner Mutter vergeben musst und gehe dabei die ganze Liste auf einmal durch.) Ich bitte dich, mir die Sünde der Unversöhnlichkeit zu vergeben, weil ich meiner Mutter diese Sünden nachgetragen habe. Bitte vergib mir meine Bitterkeit, meinen Zorn und meinen Groll auf meine Mutter. Ich bitte dich um Vergebung für die Rebellion gegenüber meiner Mutter. Ich breche jetzt alle Flüche, negativen Gedanken und Verleumdungen, die ich über sie verbreitet habe. Und ich ersetze diese Flüche jetzt durch machtvolle Segensworte!*

Herr, ich möchte jetzt für meine Mutter beten und sie segnen. (Bete kraftvoll, aus ganzem Herzen und mit ganzer Kraft; bete mit lauter Stimme und im Gauben.) Ich bete, dass du sie...

- ❑ segnest und erlöst
- ❑ mit der gleichen Freiheit segnest, die ich heute gefunden habe
- ❑ mit einem neuen, weichen Herzen segnest
- ❑ ihre Ehe segnest
- ❑ ihre Finanzen und ihre Arbeit segnest
- ❑ mit Freude, Friede, Freundlichkeit, Liebe und allen Früchten des Heiligen Geistes segnest
- ❑ segnest, damit sie frei von Verurteilung und Scham wird und ihre Wunden zu heilen beginnen
- ❑ segnest mit einem langen Leben und guter Gesundheit
- ❑ segnest, um von allen finsteren Plänen Satans frei zu kommen.

Ich erkläre, dass ich meine Mutter liebe. Wenn ich sie durch deine Augen sehe, kann ich auch ihre Verletzungen und Schmerzen erkennen. Ich bitte dich im Glauben, dass du dein Feuer über ihr ausgießt. Herr, mach es jetzt! Meine Fesseln sind zerbrochen und ich stehe in Freiheit vor dir.

Danke für die Macht des Kreuzes."

(Hinweis: Falls deine Mutter schon gestorben ist, so bitte Gott, ihr Andenken und die Frucht ihres Lebens zu segnen.)

Bete das folgende Gebet mit Überzeugung, aus ganzem Herzen und im Glauben, dass Gott auf machtvolle Weise handeln wird:

„Vater, ich gebe jetzt meinen Zorn, meine Bitterkeit und Unversöhnlichkeit auf. Ich verzichte darauf, gekränkt und beleidigt zu sein. Ich gebe mein Recht auf Wiedergutmachung auf. Ich übergebe dir jetzt die Beziehung zu meiner Mutter und erkläre, dass sie in deinen Händen ist. Ich bin nicht verantwortlich für Dinge, die nur du tun kannst. Ich durchtrenne jetzt diese Fesseln! Und ich weise die Geister

- der Ablehnung
- des Zorns
- der Unversöhnlichkeit   ❑ _____
- des Verlassenwerdens   ❑ _____
- der Bitterkeit
- der Trennung von mir."   ❑ _____

Sollten nochmals Gedanken der Bitterkeit auftauchen, so weise diese von dir und bleib dabei, deiner Mutter nichts nachzutragen. Vielleicht kannst du ihr einen kurzen Brief schreiben, um ihr zu sagen, dass du sie liebst. Schreib einen aufrichtigen Segen. Kritisier sie nicht, sondern segne sie nur und überlasse Gott den Rest. Auch wenn deine Mutter bereits gestorben sein sollte, wirst du großen geistlichen Nutzen daraus ziehen, wenn du schreibst, dass du ihr vergeben hast.

C. Ehemann oder Ehefrau, Ex-Mann oder Ex-Frau, Freund oder Freundin

Hat es in deiner gegenwärtigen oder vergangenen Beziehung folgende Dinge gegeben? Es handelt sich dabei um tatsächlich begangene Sünden:

- ❑ Untreue oder Betrug
- ❑ Kontrolle/Manipulation
- ❑ Fehlende geistliche Leitung: Wacht/wachte dein Ehemann über den geistlichen Zustand das Hauses?
- ❑ Vernachlässigung
- ❑ Ablehnung
- ❑ Passivität
- ❑ Kritik
- ❑ Leistungsbedingte Akzeptanz und Liebe
- ❑ Verschweigen der Wahrheit
- ❑ Alkoholmissbrauch
- ❑ Drogenmissbrauch
- ❑ Pornographie

❏ Ehebruch

❏ Scheidung

❏ Physischer Missbrauch

❏ Emotionaler Missbrauch

❏ Sexueller Missbrauch

Die folgenden Unterlassungssünden beziehen sich auf Dinge, die dein Mann/deine Frau nicht getan hat:

❏ Zuneigung vorenthalten

❏ Segen vorenthalten

❏ Ermutigung durch Worte vorenthalten

Alles, was du auf der vorhergehenden Liste Dinge entdeckt hast, muss ans Kreuz Jesu gebracht und dort gelassen werden. Der Einfachheit halber haben wir ein Gebet vorbereitet, um dir zu helfen, das zu tun. Es ist hilfreich, wenn du mit jemandem betest, der dir dabei helfen kann. Die Bibel sagt, dass wir geheilt werden, wenn wir voreinander unsere Sünden bekennen (Jakobus 5,16).

„Lieber himmlischer Vater, ich vergebe meinem Ehemann/meiner Ehefrau folgende Sünden _____
_____ *.*

(Nenne alle Sünden, die du deinem Ehemann/deiner Ehefrau vergeben musst und geh dabei die ganze Liste auf einmal durch.) Ich bitte dich, mir die Sünde der Unversöhnlichkeit zu vergeben, weil ich meinem Ehemann/meiner Ehefrau diese Sünden nachgetragen habe. Bitte vergib mir meine Bitterkeit, meinen Zorn und meinen Groll auf meinem Ehemann/meiner Ehefrau. Ich bitte dich um Vergebung für die Rebellion gegenüber meinem Ehemann/meiner Ehefrau. Ich breche jetzt alle Flüche, negativen Gedanken und Verleumdungen, die ich über ihn/sie verbreitet habe. Und ich ersetze diese Flüche jetzt durch machtvolle Segensworte!

Vater, ich möchte jetzt meinen Ehemann/meine Ehefrau segnen. (Steh bei diesem Gebet auf. Bete kraftvoll und aus ganzem Herzen. Bete laut und im Glauben.) Ich bitte dich, ihn/sie...

❏ zu segnen und zu erlösen

❏ mit der gleichen Freiheit, die ich heute gefunden habe

❏ mit einem neuen, sanftmütigen Herzen

❏ in seiner /ihrer Ehe

❏ in seinen/ihren Finanzen und in seiner/ihrer Arbeit

❏ mit Freude, Friede, Freundlichkeit, Liebe und allen Früchten des Geistes

❏ damit er/sie frei davon wird, sich zu schämen und selbst zu verurteilen, damit seine/ihr Verletzungen heilen

❏ mit einem langen Leben und guter Gesundheit

❏ damit er/sie von allen bösen Listen und Absichten Satans frei kommt.

Ich erkläre, dass ich meinen Mann/meine Frau liebe. Wenn ich sie/ihn durch deine Augen ansehe, kann ich seine/ihre Verletzungen und Schmerzen erkennen. Herr, ich bitte dich im Glauben, jetzt ddeine Gnade und Liebe über ihm/ihr auszugießen. Meine Ketten sind zerbrochen und ich stehe in Freiheit vor dir. Danke für die Macht deines Kreuzes!

Bete das folgende Gebet aus ganzem Herzen, im Glauben und in der Überzeugung, dass Gott jetzt machtvoll handeln wird:

„Vater, ich gebe jetzt meinen Zorn, meine Bitterkeit und Unversöhnlichkeit auf. Ich verzichte darauf, beleidigt und gekränkt zu sein. Ich gebe mein Recht auf Wiedergutmachung auf. Ich übergebe dir diese Beziehung zu meinem Mann/meiner Frau und lege sie jetzt in deine Hände. Ich bin nicht verantwortlich für das, was nur du tun kannst. Ich durchschneide jetzt diese Fesseln! Und ich weise alle Mächte zurück, die mit Ablehnung, Zorn, Unversöhnlichkeit, Verlassenwerden, Bitterkeit und Spaltung verbunden sind.

Sollten nochmals Gedanken der Bitterkeit auftauchen, dann weise diese zurück und bleib bei deinem Entschluss, nicht mehr gekränkt oder beleidigt zu sein. Schreib deinem Mann/deiner Frau eventuell einen kurzen Brief, um zu sagen, dass du ihn/sie liebst und aufrichtig segnest. Kritisiere in diesem Brief nicht, sondern segne nur und leg den Rest in Gottes Hand.

IV. Vom Zorn frei werden

A. Bekenne

Bekenne allen Zorn, alle Ungerechtigkeit und Unversöhnlichkeit, die in deinem Leben Spuren hinterlassen haben und bitte Jesus um Vergebung dafür. Verwende dabei die Checkliste auf den vorhergehenden Seiten, die dir bei dem Bekennen vor Gott helfen wird.

B. Widerstehe

Widerrufe die Lügen des Feindes und weise seine Einflüsse zurück. Ergreife die Autorität über seine finsteren Pläne, dich dazu zu verführen, dass du ein Recht darauf hast, gekränkt und beleidigt zu sein, um dich hinter Mauern des Zorns und Grolls einsperren zu können.

C. Ersetze

Ersetze den Zorn durch Vergebung. Erneuere fortwährend dein Denken, indem du viel in der Bibel liest, Gott im Gebet und in der Anbetung suchst und Zeit mit deiner Familie, deinen Freunden und deiner Gemeinde verbringst.

D. Empfange

Empfange Gottes Gnade und Vergebung und werde von neuem mit dem Heiligem Geist erfüllt. Bitte ihn, dass er dir ganz persönlich die große Liebe offenbart, die in seiner Vergebung liegt.

V. Ein Leben führen, das frei von Zorn ist

Bekräftige die folgenden Aussagen:

- Ich will anderen vergeben, so wie Gott mir vergeben hat.
- Ich entscheide mich dafür, Dinge anzusprechen, die mich verletzt haben, dem Täter zu vergeben und den Rest Gott zu überlassen.
- Ich will anderen gegenüber in ständiger Vergebungsbereitschaft leben.
- Ich werde je länger je mehr verstehen, dass die Verletzungen meiner Vergangenheit den Augen des Herrn nicht entgangen sind.
- Ich werde nicht zulassen, dass ich vom Widersacher aufgrund meiner Unversöhnlichkeit in Fesseln gelegt werde.
- Ich will anderen vergeben, egal wie sie sich mir gegenüber verhalten.
- Ich will zulassen, dass die Auswirkungen von Gottes Gnade, Barmherzigkeit und Vergebung in meinem Leben auch für andere sichtbar werden.
- Ich weiß, dass Vergebung zu Freiheit führt, bei unseren gegenwärtigen als auch bei unseren vergangenen Verletzungen.

Setze die folgenden Schritte in deinem Leben um, damit du wirklich frei von Zorn zu leben beginnst:

- ❏ Bitte Gott, dir zu zeigen, welchen Menschen gegenüber du Gefühle hast, die nicht richtig sind. Erstelle eine Liste dieser Namen, so wie Gott sie aufdeckt. Unterbinde jede Aktivität des Feindes, die eine krankhafte Selbstkontrolle in Gang setzen könnte. Überprüfe auch, ob du irgendeinen Groll gegen Gott oder gegen dich selbst hegst, und schließe in diesem Fall auch diese Namen ein.
- ❏ Lass nicht zu, dass deine Gefühle von neuem angeheizt werden, wenn dir bestimmte kleinere Verletzungen einfallen, nachdem du einer Person ein größeres Vergehen vergeben hast. Übergib stattdessen diese Vorfälle und/oder Verletzungen sofort dem Herrn.
- ❏ Sage Gott, dass du bereit bist, mit den Folgen einer Verletzung zu leben, und im Gebet mit ihm darüber zu reden.
- ❏ Hole dir im Glauben und in der Autorität Christi den Boden zurück, den du dem Widersacher durch deine Unversöhnlichkeit überlassen hast. Erhebe den legalen Anspruch auf das, was dir gehört und dir vom Widersacher aufgrund deiner Unversöhnlichkeit nur gestohlen wurde.
- ❏ Wenn spätere Taten einer Person, der du vergeben hast, schmerzliche Erinnerungen auslösen und zu der Versuchung führen, den Groll der Vergangenheit wieder auflodern zu lassen, übergib diese Versuchung umgehend Gott.

VI. Bibelstellen, nach denen wir leben können

Sprichwörter 19,11 *Einsicht macht den Menschen langmütig, sein Ruhm ist es, über Verfehlungen hinwegzugehen.*

Sprichwörter 29,22 *Ein aufbrausender Mensch erregt Streit, ein Jähzorniger begeht viele Sünden.*

Prediger 7,8-9 *Besser der Ausgang einer Sache als ihr Anfang, besser der Vorsichtige als der Stürmische. Lass dich nicht aufregen, so dass du dich ärgerst, denn Ärger steckt in den Ungebildeten.*

Epheser 4,26-27 *Lasst euch durch den Zorn nicht zur Sünde hinreißen! Die Sonne soll über eurem Zorn nicht untergehen. Gebt dem Teufel keinen Raum!*

Furcht und Unglaube

Die meisten von uns realisieren kaum, wie tief die Angst in unserem Leben verwurzelt ist. Wir leben buchstäblich in einer Kultur der Angst und Furcht: Angst vor Terrorismus, Angst vor Verbrechen, Angst vor Krebs oder Krankheit, Angst, verlassen oder abgelehnt zu werden, Angst vor dem finanziellen Ruin u.v.m. Angst und Furcht führen dazu, dass wir nicht an Gottes Wort, an sein Wesen und an seine Macht glauben.

Das Wesen der Angst liegt in der Täuschung (über einen falschen Anschein oder eine Aussage; das hat zu tun mit austricksen, etwas falsch darstellen, betrügen, falsch informieren, fehlleiten). Wenn wir Angst haben, sind wir anfällig für Ausbeutung, Manipulation, Täuschung und Kontrolle. Das weiß der Feind, und er nutzt es voll aus.

Die Bibel sagt ganz klar, dass Gott möchte, dass wir frei von Angst sind. Wir werden frei von Angst, wenn wir ...

❏ dem Heiligen Geist erlauben, die Angst in unserem Leben aufzudecken

❏ alle Ängste ans Kreuz bringen, indem wir anderen vergeben und die Wahrheit bekräftigen

❏ zulassen, dass wir von Gott in unserer Schwachheit gestärkt und ermutigt werden durch seine Kraft und Gegenwart

❏ uns verpflichten, an Gott zu glauben und ihm, seinem Wesen, seiner Stimme und seinem Wort zu vertrauen

I. Wurzeln der Furcht

Die Wurzel – das Einfallsstor für diese Festung kann aus allen 7 Wurzeltypen herkommen (Liebesdefizit, Ungerechtigkeit, Trauma, Generationenfestung usw.). Auf der Seite 123 steht dir mit dem Übungsblatt eine Hilfe zur Verfügung, wie du Jesus selber nach der Wurzel und den dahinter liegenden Lügen fragen kannst.

Furcht stammt nicht von Gott

2. Timotheus 1,7 *Denn Gott hat uns nicht einen Geist der Verzagtheit [Furcht] gegeben, sondern den Geist der Kraft, der Liebe und der Besonnenheit.*

❒ Angst ist eine Folge davon, dass wir Gott und sein Wort nicht kennen und sein Wesen nicht verstehen.
❒ Angst ist eine Folge fehlenden Glaubens.

Matthäus 14,30-31 *Als er aber sah, wie heftig der Wind war, bekam er Angst und begann unterzugehen. Er schrie: Herr, rette mich! Jesus streckte sofort die Hand aus, ergriff ihn und sagte zu ihm: Du Kleingläubiger, warum hast du gezweifelt?*

II. Furcht erkennen

A. Angst vor Strafe: wenig Friede, Hoffnung, Glaube oder Freude

1. Johannes 4,17-18 *Darin ist unter uns die Liebe vollendet, dass wir am Tag des Gerichts Zuversicht haben. Denn wie er, so sind auch wir in dieser Welt. Furcht gibt es in der Liebe nicht, sondern die vollkommene Liebe vertreibt die Furcht. Denn die Furcht rechnet mit Strafe, und wer sich fürchtet, dessen Liebe ist nicht vollendet.*

❒ Unsere Stille Zeit und unsere Gebetszeiten sind von Furcht motiviert
❒ Beziehung mit Jesus, die auf Leistung beruht
❒ Angst, Gott nicht zu genügen
❒ Angst vor der Strafe Gottes

Man kann vor folgenden Strafen Angst haben:

❒ dass Gott uns seine geistlichen Gaben vorenthält
❒ das wir in keine tiefe persönliche Beziehung zu Jesus kommen
❒ dass wir unnatürliche Gedanken über das Leiden haben
❒ dass wir Angst vor dem Freiheitsprozess haben
❒ dass Gott schweigt, uns ignoriert oder uns nicht zuhört (so als ob wir uns seine Aufmerksamkeit durch unsere irdischen Leistungen verdienen müssten)
❒ dass Gott auf uns zornig ist und uns nicht vergeben wird

B. Menschenfurcht (Unsicherheit)

Sprichwörter 29,25 *Die Angst des Menschen führt ihn in die Falle; wer auf den Herrn vertraut, ist gesichert.*

Jesaja 51,7 *Hört auf mich, die ihr das Recht kennt, du Volk, das mein Gesetz im Herzen trägt. Fürchtet euch nicht vor der Beschimpfung durch Menschen, erschreckt nicht vor ihrem Spott!*

❒ Angst vor dem, was die Leute über mich denken
❒ Angst vor dem, was andere (angeblich) über mich sagen
❒ Angst von Menschen abgelehnt zu werden, die mir nahe stehen
❒ Angst vor Menschen, die Autorität haben
❒ Angst, etwas zu sagen
❒ Angst vor Minderwertigkeit (dass man beim Vergleich mit anderen ungünstig abschneidet; ein Mensch, der sich vergleicht, hat Angst, weil er nicht glaubt, dass er von Gott mit einem tiefen Sinn geschaffen ist.)
❒ Angst vor Konfrontation
❒ Angst zu versagen

C. Angst vor Unsicherheit

5. Mose 28,66-67 *Du wirst in Lebensgefahr schweben, bei Nacht und bei Tag erschrecken und deines Lebens nicht mehr sicher sein. Am Morgen wirst du sagen: Wenn es doch schon Abend wäre! und am Abend: Wenn es doch schon Morgen wäre! - um dem Schrecken zu entfliehen, der dein Herz befällt, und dem Anblick, der sich deinen Augen bietet.*

❏ Angst, Gottes Wille nicht zu erkennen oder sein Rufen zu überhören

❏ Angst, dass ich Gott nicht vertrauen kann, dass er seine Ziele durch mich erreicht

❏ Angst, zu minderwertig zu sein, um auf Gottes Ruf zu antworten

❏ Angst, sich einer Sache ganz zu verpflichten, weil man etwas Besseres versäumen könnte

❏ Angst, dass mein volles Engagement bei einem Dienst dazu führt, dass ich andere Möglichkeiten verpasse

❏ Angst, sich einer Gruppe von Christen verbindlich anzuschließen

❏ Angst, sich einem Gebetsdienst verbindlich anzuschließen

❏ Angst, sich einer Gemeinde verbindlich anzuschließen

❏ Angst, den Zehnten an die Gemeinde zu zahlen

❏ Angst, dass Gott zu viel von uns verlangt

❏ Angst, laut zu beten und dabei von anderen beurteilt zu werden

D. Furcht vor einem Leben nach dem Neuen Testament und dem übernatürlichen Wirken Gottes

Lukas 8,37 *Darauf baten alle, die im Gebiet von Gerasa wohnten, Jesus, sie zu verlassen; denn es hatte sie große Angst gepackt. Da stieg Jesus ins Boot und fuhr zurück.*

❏ Angst vor Befreiung

❏ Angst vor der Realität der Dämonen

❏ Angst vor Heilung

❏ Angst vor Verfolgung

❏ Angst, als schwärmerisch oder fanatisch angesehen zu werden

❏ Angst vor den Kosten der Nachfolge

❏ Angst vor dem Wirken des Heiligen Geistes

❏ Angst vor falschen Manifestationen

❏ Angst vor geistlichem Kampf

❏ Angst, dass das, was wir im Geiste sehen, in der physischen Welt nicht sichtbar wird

❏ Angst vor weiteren Dingen/Konsequenzen im Dienste Jesu (bitte hier aufschreiben)

E. Angst vor dem Versagen

Angst kann sich als etwas Negatives für unseren Glauben herausstellen, denn sie trägt manchmal dazu bei, dass das Versagen, das wir befürchten, in Form einer sich selbst erfüllenden Prophetie eintritt. In der Bibel begegnen wir oft Menschen, denen von Gott gesagt wird: Fürchte dich nicht! Wir sollen nichts fürchten, nicht einmal unser eigenes Versagen.

❏ Angst davor, wieder in unsere Sünden zurückzufallen

❏ Angst, dass wir nicht von Gewohnheitssünden oder Süchten loskommen

❏ Angst davor, nicht zu heiraten

❏ Angst vor einem Scheitern der Ehe

❏ Angst vor Scheidung

❏ Angst vor Intimität und dass wir so gesehen werden, wie wir wirklich sind

❏ Angst, dass aus unseren Kindern „nichts wird"

❏ Angst, dass wir keinen beruflichen Erfolg haben

❏ Angst vor Versuchung

❏ Angst, dass wir unsere Eltern oder andere Respektspersonen enttäuschen

F. Angst vor schlechten Nachrichten oder Umständen

Psalm 112,6-8 *Niemals gerät er ins Wanken; ewig denkt man an den Gerechten. Er fürchtet sich nicht vor Verleumdung; sein Herz ist fest, er vertraut auf den Herrn. Sein Herz ist getrost, er fürchtet sich nie; denn bald wird er herabschauen auf seine Bedränger.*

❏ Angst vor Meinungsverschiedenheiten
❏ Angst vor Sündenüberführung
❏ Angst davor, dass die Mitgliederzahlen in unserer Ge-meinde oder unserem Dienst sinken
❏ Angst vor schlechten Nachrichten
❏ Angst vor schweren Umständen
❏ Angst vor antichristlichen Gruppen
❏ Angst, dass jemand aus unserer Familie verletzt oder getötet wird
❏ Angst, dass sich unsere finanzielle Situation plötzlich verschlechtert
❏ Immer das Schlimmste befürchten, auch wenn kein Anlass dazu besteht

G. Angst, dass unsere Vergangenheit aufgedeckt wird (und mögliche Konsequenzen folgen)

Jesaja 54,4 *Fürchte dich nicht, du wirst nicht beschämt; schäme dich nicht, du wirst nicht enttäuscht. Denn die Schande in deiner Jugend wirst du vergessen, an die Schmach deiner Witwenschaft wirst du nicht mehr denken.*

❏ Angst davor, dem Ehepartner die sexuellen Vergehen meiner Vergangenheit beichten zu müssen
❏ Angst vor der Scham über unsere Vergangenheit
❏ Angst, dass unsere Vergangenheit eine Schande für uns ist und Gottes Wirken in unserem Leben möglicherweise behindert oder verhindert.
❏ Angst, dass Gott uns für unsere Vergangenheit straft
❏ Angst vor der Strafe Gottes für Sünden, mit denen wir momentan kämpfen
❏ Angst davor, was andere denken, wenn wir bekennen, dass wir mit Homosexualität kämpfen
❏ Angst vor Scham und Schuld wegen einer Abtreibung
❏ Angst, dass wir von alten Verletzungen oder Wunden (einschließlich sexuell übertragener Krankheiten) nicht geheilt werden
❏ Angst, dass andere herausfinden, wer wir wirklich sind

H. Plötzliche, unnatürliche Ängste (die immer vom Widersacher kommen)

Sprichwörter 3,24-25 *Gehst du zur Ruhe, so schreckt dich nichts auf, legst du dich nieder, erquickt dich dein Schlaf. Du brauchst dich vor jähem Erschrecken nicht zu fürchten noch vor dem Verderben, das über die Frevler kommt.*

❏ Angst vor Einsamkeit
❏ Hoffnungslosigkeit
❏ lähmende Furcht
❏ Todesangst
❏ Angst vor Krankheit
❏ Angst vor Krebs
❏ Angst, dass mein Ehepartner stirbt
❏ Angst, nicht versorgt zu sein (mittellos dazustehen)
❏ Angst vor Verbrechen und/oder Terrorismus
❏ Angst vor Unfällen

III. Unglauben erkennen

Unglaube scheint für die meisten Christen nur etwas Harmloses zu sein. Das ist doch nur ein unschuldiges kleines Vergehen – oder doch nicht? Wir neigen dazu, ihn als etwas anzusehen, das der praktische Nutzen, die Vorsicht oder Weisheit gebietet. Tatsächlich ist Unglaube aber etwas, das Gottes Wort, sein Wesen und Wirken ängstlich, starrköpfig oder rebellisch bezweifelt und diesen Zweifel in Worten und Taten zum Ausdruck bringt. Er behauptet, dass wir die Realität besser einschätzen können als Gott. Er stellt unsere eigenen Vermutungen, Annahmen, Vorurteile und Ängste an erste Stelle.

Betrachten wir einige charakteristische Merkmale des Unglaubens:

• Er entscheidet selbst, was Gott tun oder nicht tun kann, was er tun oder nicht tun wird, wie er wirken oder nicht wirken wird
• Er findet seine eigenen Methoden, um Gottes Sache zu tun, sei es persönlich oder als Gemeinschaft
• Er blickt nach innen anstatt nach oben. So wie Jim Cymbala in seinem Buch „Fresh Faith" (neuer Glaube) schreibt: „Unglaube spricht zu sich selbst anstatt zu Gott." *Jim Cymbala, Fresh Faith (Grand Rapids: Zondervan, 1999), S. 93.

Wir verlassen uns in unserem Leben und Dienst lieber auf unser eigenes Verständnis, unsere eigenen Methoden und eigenen Stärken, anstatt Gott zu suchen und im Glauben nach seinem Charakter und nach seinen Verheißungen zu handeln. Diese Neigung zum Unglauben hat ihre Wurzeln oft in Angst, Stolz, Rebellion oder anderen Sünden:

• Wenn wir von Angst motiviert werden, kann sich der Unglaube in Mechanismen zeigen, die dem Selbstschutz dienen, ähnlich jenen, denen wir im Umgang mit Unsicherheit und Minderwertigkeit begegnen.
• Wenn er auf Stolz oder Rebellion beruht, kann sich der Unglaube hinter einer Maske des Realismus, Intellek-tualismus oder der prak-tischen Durchführbarkeit verstecken.
• In der Kirche versteckt sich der Unglaube oft hinter dem Deckmantel eines kritischen, religiösen Geistes, so wie im Falle der Pharisäer zu Jesu Zeiten.

Auch wenn Unglaube tief versteckt sein kann, wird er gesehen und bleibt niemals unbemerkt. Die Bibel sagt klar, dass Gott im Unglauben eine schwere Sünde sieht, mit der er streng abrechnet.

Ein großer Glaube glaubt Gott – und handelt dementsprechend! Ein großer Glaube weiß, dass für Gott nichts unmöglich ist, und er hat die Macht, Berge zu versetzen, wie Jesus sagte. Ohne ihn ist es unmöglich, Gott zu gefallen (Hebräer 11,6).

A. Früchte des Unglaubens

• Er blockiert Gottes Gegenwart und Kraft in unserem Leben
• öffnet die Tür dazu, auf jemand böse zu sein, besonders auf Gott und oft auch auf jene, die ein gehorsames Leben führen
• pflegt die Wurzel der Skepsis
• stört das Gebet
• führt zu Labilität
• unterstützt eine kritische Haltung
• führt zur Abstumpfung gegenüber dem Heiligen Geist und geistlichen Dingen
• vergiftet andere
• fördert Überheblichkeit und Stolz
• untergräbt die Achtung vor Gottes Wort und seinem Wesen
• hält die eigenen Vorstellungen für die einzig richtigen, setzt sie sogar über die Maßstäbe Gottes
• entmutigt andere und dämpft ihren Glauben
• zieht Gottes Enttäuschung, Zorn und Missbilligung auf sich
• behindert die Erfüllung mit dem Heiligen Geist und seine Aktivitäten
• führt zur Kontrolle

B. Unseren Unglauben erkennen

Bitte den Heiligen Geist, dein Herz zu prüfen, wenn du die folgende Checkliste durchgehst.
Kreuze alles Zutreffende an:

❏ Ich bin oft enttäuscht, ja sogar beleidigt, dass Gott anscheinend nicht so wirkt, wie es meiner Meinung nach sein sollte, oder dass er meine Gebete nicht so beantwortet, wie ich es gerne hätte.

❏ Wenn ich höre, wie andere von ihren Erfahrungen mit Gott und seiner Kraft oder von ihren Gebetserhörungen berichten, bin ich oft skeptisch. Meine erste Reaktion besteht meist darin, dass ich ihre Behauptungen analysiere oder zu widerlegen versuche.

❏ Ich versuche Kritiksucht als Geistesgabe der Unterscheidung auszugeben

❏ Ich habe an der Leitung und den Methoden der Gemeindeleiter oft etwas auszusetzen

❏ Ich neige dazu, anderen zu misstrauen

❏ Ich frage mich, warum der Heilige Geist nicht zu mir spricht oder mich offensichtlich nicht so stark wie andere benutzt.

❏ Ich bezweifle, ob Gott wirklich zu anderen spricht und sie benutzt, so wie sie behaupten, weil ich nicht sehe, dass er zu mir auf diese Weise spricht oder mich braucht.

❏ Ich neige dazu, von anderen völlig unabhängig zu sein; um ehrlich zu sein, ich neige auch zur völligen Unabhängigkeit von Gott.

❏ Ich schätze Menschen und Situationen zuerst als etwas ein, das für Gott eher unmöglich als möglich ist.

❏ Ich habe kein Vertrauen darauf, dass ich eine geistliche Autorität durch Jesus Christus habe.

❏ Ich habe keine Veranlassung, beständig zu beten, und ich habe wenig Interesse an Fürbitte oder geistlichem Kampf.

❏ Gebet ist meist das letzte Mittel für mich. Ich suche zuerst selbst nach Lösungen und versuche damit klar zu kommen. Mein Tun weist darauf hin, dass ich der Meinung bin, Gott hilft denen, die sich selbst helfen.

❏ Ich unterliege bestimmten Gewohnheiten und Süchten (Kompensationsmechanismen), um Trost zu finden, wenn ich z. B. entmutigt oder verletzt bin, Angst oder keine Hoffnung habe.

❏ Ich treffe meine Entscheidungen eher aufgrund meiner Ängste als auf dem, was Gott von mir in einer bestimmten Situationen möchte (wohin ich gehen soll, wie ich dorthin komme, was mein Ehepartner/ meine Kinder tun können, wohin sie gehen sollen usw.).

❏ Ich denke, dass sich meine Situation, meine Sünden, meine Ängste, meine Ehe, mein geistliches Leben mein ... nie verändern werden.

❏ Ich gerate in Panik, wenn ich schlechte Nachrichten erhalte, oder wenn angedeutet wird, dass etwas Schlimmes passiert sein könnte.

❏ Ich neige dazu, mir Sorgen zu machen, mich zu fürchten und vor vielen Dingen Angst zu haben.

❏ Ich fürchte, dass meine Kinder oder andere Familienangehörige niemals gerettet werden.

❏ Ich versuche Menschen, Situationen und sogar Gott zu kontrollieren, weil ich Angst habe, sie loszulassen und darauf zu vertrauen, dass er sie schützt, rettet usw.

❏ Ich bin skeptisch, was das übernatürliche Wirken des Heiligen Geistes betrifft.

❏ Ich habe Angst vor dem Risiko, für andere mutig zu beten und ihnen auf dem Gebiet der Heilung und geistlichen Freiheit zu dienen.

❏ Ich habe Angst davor, im Glauben auf Offenbarungen zu reagieren, die Gott mir oder anderen im Leib Christi gegeben hat.

❏ Sichtbare Umstände haben einen größeren Einfluss auf mich als das geschriebene Wort Gottes, gesprochene Worte oder das Wesen Gottes.

IV. Frei werden von Angst und Unglauben

1. Erkenne, dass hinter jeder Angst eine Lüge steckt. Die Angst kann nur in uns Wurzeln schlagen, wenn wir über eine vorhersehbare Gefahr, Konflikt oder Schmerz etwas Falsches glauben. Das Problem ist nicht die potenzielle Situation. Das Problem ist die Lüge, die wir glauben hinsichtlich Gottes Fähigkeit (oder Unfähigkeit), uns zu schützen, zu versorgen, zu stärken und für alle Lebenslagen auszurüsten.

2. Du musst dich dazu entscheiden, die Sünde der Furcht und des Unglaubens wirklich zu hassen. Furcht betrübt Gottes Herz, denn sie verleugnet die Realität seiner wunderbaren Vorsorge und seines Schutzes. Furcht schürt den Unglauben - an Gott, seinem Charakter, seinem Wort, seiner Macht.

3. Bekenne alle konkreten Sünden der Angst und des Unglaubens.

4. Bitte Gott, dir alle Bereiche der Angst und ihre Wurzeln aufzudecken, die dir noch nicht bewusst sind. Vielleicht kannst du jemanden bitten, mit dir zu beten. Andere können Einsichten haben oder vom Heiligen Geist Dinge gezeigt bekommen, die für uns blinde Flecken sind.

5. Gib Angst und Unglaube im Namen Jesu auf und weise den Feind im Namen Jesu und unter dem Schutz seines Blutes von dir. Befiehl dem Feind, zu verschwinden, und steh fest im Glauben (verwende die vier vorgeschlagenen Schritte des Gebets der Umkehr.)

Geh dann in die entgegengesetzte Richtung und übe das Gegenteil deiner Ängste ein. Es reicht nicht, deine Ängste nur zu bekennen. Du musst ihnen energisch entgegentreten, Gottes Liebe empfangen, dich auf seine Verheißungen berufen und allen Unglauben durch das Vertrauen in Gottes Wort und Wesen ersetzen.

V. Frei von Angst und Unglauben leben

Wenn unsere Bereitschaft und Fähigkeit, in Freiheit zu leben, wächst, werden wir auf Bereiche stoßen, in denen wir wenig oder gar keine vorherigen Erfahrungen haben. Wir sehen auf unsere eigenen physischen, psychologischen und emotionalen Mittel, die uns zur Verfügung stehen und erkennen, dass wir den Anforderungen des geistlichen Kampfes in unserem Leben und Dienst nicht gewachsen sind. Wir fangen an zu sehen, dass ein riesiger Unterschied besteht zwischen dem, was wir tun können (in natürlicher Kraft) und dem, was der Heilige Geist tun kann (in übernatürlicher Kraft).
Diese Kluft wird überbrückt, wenn wir nicht auf unsere eigenen Möglichkeiten und Unfähigkeiten blicken, sondern einen Glaubensschritt machen und das tun, von dem Jesus sagt, dass wir es tun werden, tun sollen und tun können! Jedes Mal, wenn wir solche Glaubenschritte machen und etwas Übernatürliches geschieht, werden unser Glaube und unser Vertrauen gestärkt. Und wenn der Glaube wächst, nimmt die Furcht ab!

A. Bekenne

Jesus, ich bitte dich um Vergebung, dass ich Angst und Unglaube in meinem Leben Raum gegeben und somit dein Design und deine Verheissungen von mir gewiesen habe. Ich bekenne, dass ich dadurch mich und andere Menschen gehindert, verurteilt und misstraut habe. Es tut mir leid, dass ich den Lügen des Feindes mehr geglaubt habe, als deinen Zusagen Ich bitte dich um völlige Reinigung durch dein Blut.

Bekenne noch die Punkte der Liste, welche dir besonders wichtig sind.

B. Widerstehe

Im Namen Jesus und in seiner Autorität widerstehe ich dem Geist der Angst, der Menschenfurcht und des Unglaubens. Ich weise euch unter die Füsse von Jesus und befehle euch, mein Leben zu verlassen. Im Namen Jesus breche ich mit den Lügen des Feindes und bringe sie zum Tod ans Kreuz. Im Namen Jesus und seiner Autorität zerhaue ich alle Ketten der Verhinderung, denn Jesus sagt, dass er gekommen ist um die Werke des Teufels zu zerstören.

C. Ersetzen

Ich ersetze die Lügen des Feindes mit der Wahrheit, dass Gottes Liebe stärker ist und die Angst austreibt. Ich habe genug Glauben und ich entscheide mich Jesus als meinen Versorger, meinen Schutz und als meine Sicherheit zu vertrauen. Er verlässt und vergisst mich nicht. Ich ersetze Misstrauen und Unglaube mit Hingabe und Vertrauen, um Gott durch dadurch zu gefallen und zu ehren. Ich setze meine Füsse auf das Land, welches mir der Feind geraubt hat und ersetze Verhinderung mit Gottes Freisetzung ihm zu gehorchen.

D. Empfangen

Jesus – ich empfange deine Vergebung, deine Versorgung und deinen Schutz, den du mir versprochen hast. Komm Heiliger Geist und erfülle mich mit der Liebe des Vaters und seiner Geborgenheit. Ich bin mehr als ein Überwinder. Ich empfange den Geist des Glaubens, der Gottes Wahrheit spricht und tut. Ich bin neu befähigt, deine liebende Stimme zu hören.

Danke, dass du mir vertraust!

VI. Bibelstellen, nach denen wir leben können

A. Angst

Psalm 23,4 *Muss ich auch wandern in finsterer Schlucht, ich fürchte kein Unheil; denn du bist bei mir, dein Stock und dein Stab geben mir Zuversicht.*

Sprichwörter 12,25 *Kummer im Herzen bedrückt den Menschen, ein gutes Wort aber heitert ihn auf.*

Jesaja 8,12 *Nennt nicht alles Verschwörung, was dieses Volk Verschwörung nennt. Was es fürchtet, sollt ihr nicht fürchten; wovor es erschrickt, davor sollt ihr nicht erschrecken.*

Jesaja 41,10.13 *Fürchte dich nicht, denn ich bin mit dir; hab keine Angst, denn ich bin dein Gott. Ich helfe dir, ja, ich mache dich stark, ja, ich halte dich mit meiner hilfreichen Rechten. [...] Denn ich bin dein Gott, der deine rechte Hand ergreift und der zu dir sagt: Fürchte dich nicht, ich werde dir helfen.*

Matthäus 28,20 *Seid gewiss: Ich bin bei euch alle Tage bis zum Ende der Welt.*

Apostelgeschichte 18,10 *Denn ich bin mit dir, niemand wird dir etwas antun. Viel Volk nämlich gehört mir in dieser Stadt.*

Philipper 4,6 *Sorgt euch um nichts, sondern bringt in jeder Lage betend und flehend eure Bitten mit Dank vor Gott.*

B. Unglaube

Psalm 78,19-22 *Sie redeten gegen Gott; sie fragten: «Kann uns denn Gott den Tisch decken in der Wüste? Zwar hat er an den Felsen geschlagen, so dass Wasser floss und Bäche strömten. Kann er uns auch Brot verschaffen und sein Volk mit Fleisch versorgen?» Das hörte der Herr und war voll Grimm; / Feuer flammte auf gegen Jakob, Zorn erhob sich gegen Israel, weil sie Gott nicht glaubten und nicht auf seine Hilfe vertrauten.*

Matthäus 6,25-30 *Deswegen sage ich euch: Sorgt euch nicht um euer Leben und darum, dass ihr etwas zu essen habt, noch um euren Leib und darum, dass ihr etwas anzuziehen habt. Ist nicht das Leben wichtiger als die Nahrung und der Leib wichtiger als die Kleidung? Seht euch die Vögel des Himmels an: Sie säen nicht, sie ernten nicht und sammeln keine Vorräte in Scheunen; euer himmlischer Vater ernährt sie. Seid ihr nicht viel mehr wert als sie?*
Wer von euch kann mit all seiner Sorge sein Leben auch nur um eine kleine Zeitspanne verlängern?
Und was sorgt ihr euch um eure Kleidung? Lernt von den Lilien, die auf dem Feld wachsen: Sie arbeiten nicht und spinnen nicht. Doch ich sage euch: Selbst Salomo war in all seiner Pracht nicht gekleidet wie eine von ihnen. Wenn aber Gott schon das Gras so prächtig kleidet, das heute auf dem Feld steht und morgen ins Feuer geworfen wird, wie viel mehr dann euch, ihr Kleingläubigen!

Matthäus 13,58 *Und wegen ihres Unglaubens tat er dort nur wenige Wunder.*

Hebräer 11,1 *Glaube aber ist: Feststehen in dem, was man erhofft, Überzeugtsein von Dingen, die man nicht sieht.*

Hebräer 11,6 *Ohne Glauben aber ist es unmöglich, (Gott) zu gefallen; denn wer zu Gott kommen will, muss glauben, dass er ist und dass er denen, die ihn suchen, ihren Lohn geben wird.*

Minderwertigkeit
und Bedeutungslosigkeit

Martin Luther sagte angeblich, dass es nicht wichtig sei, auf welcher Seite man vom Pferd fällt – man ist auf jeden Fall vom Pferd gefallen! Dasselbe trifft auch auf den Versuch des Widersachers zu, uns von Gottes Liebe zu trennen. Das tut er auf der einen Seite, indem er uns vormacht, dass wir seine Liebe und Vergebung nicht brauchen. Wir denken, dass wir vollkommen in Ordnung sind, so wie wir sind. Das ist Stolz.

Aber die andere, ebenso heimtückische List besteht darin, uns vorzutäuschen, dass wir seine Liebe und Vergebung nicht verdienen. In diesem Fall setzen wir uns selbst herab. Wir konzentrieren uns auf unsere Unsicherheiten und Unzulänglichkeiten, zerfließen in Selbstmitleid oder Selbsthass, und ziehen uns in ein Gefängnis von Ablehnung, Selbstverurteilung und Unsicherheit zurück. Diese Festung heißt Unwichtigkeit und Minderwertigkeit.

I. Wurzeln von Bedeutungslosigkeit und Minderwertigkeit

Die Wurzel – das Einfallsstor für diese Festung kann aus allen 7 Wurzeltypen herkommen (Liebesdefizit, Ungerechtigkeit, Trauma, Generationenfestung usw.). Auf der Seite 123 steht dir mit dem Übungsblatt eine Hilfe zur Verfügung, wie du Jesus selber nach der Wurzel und den dahinter liegenden Lügen fragen kannst.

Eine Festung der Unwichtigkeit und Minderwertigkeit filtert unsere Wahrnehmung der Realität durch die Lüge, dass wir nicht bedingungslos geliebt sind – und dass wir (und andere) nur aufgrund unserer Position, Fähigkeiten, äußeren Erscheinung, Status, Erfolg, Besitz, Beruf oder Dienst einen Wert haben. Wir erkennen nicht, dass wir bei Gott einen Wert haben und von ihm bedingungslos geliebt werden. Diese Festung setzt einen schlimmen Kreislauf von Hoffnungslosigkeit, Bemühen und Verzweiflung in Gang: Hoffnungslosigkeit, dass wir niemals so sein werden, dass wir die Dinge tun, von denen wir träumen, die Anstrengung, es dennoch umzusetzen, und Verzweiflung und Selbstverurteilung, wenn wir versagen.

II. Minderwertigkeit und Bedeutungslosigkeit erkennen

Minderwertigkeit bedeutet, dass wir glauben, weniger wertvoll/wichtig als andere zu sein, einen geringeren Status zu haben, zweitrangig oder unterdurchschnittlich zu sein. Sie lässt sich nicht davon abbringen, dass Gott uns nicht so wie die anderen segnen kann oder will. Sie nimmt an, dass das der Grund ist, warum uns Dinge nicht gelingen oder falsch gelaufen sind, oder warum unsere Gebete nicht beantwortet werden.

- Minderwertigkeit hat ihre Wurzeln in Lügen und Worten des Feindes, der uns von Geburt an feindlich gesinnt ist.
- Minderwertigkeit hat ihre Wurzeln darin, dass man sich zu sehr um sich selbst dreht und im Vergleich mit anderen schlecht abschneidet.
- Minderwertigkeit führt dazu, dass wir mit Selbstmitleid, Ärger/Zorn und Neid zu kämpfen haben.
- Minderwertigkeit überzeugt uns davon, dass wir nicht dazu gehören und immer zu kurz kommen (Selbstmitleid). Wir können fast immer sehen, dass andere größer oder wichtiger als wir selbst sind, bei allem, was wir tun.
- Minderwertigkeit führt zu der Annahme, dass Gott uns nicht sieht oder keine Freude an uns hat. Deshalb glauben wir der Verheißung nicht, dass Gott einen Plan für uns hat und können uns über unsere Erwählung nicht freuen.
- Wir leben mit einem untergründigen Ärger gegenüber anderen, die uns an Menschen erinnern, die uns in unserer Vergangenheit abgelehnt oder das Gefühl gegeben haben, nur zweitklassig zu sein. Wir neigen dazu, diese Menschen zu kritisieren, weil wir uns unterlegen fühlen. Der Ärger gegen sie wird in vielfältiger Form zum Ausdruck kommen.

A. Bitte den Heiligen Geist, dein Herz zu prüfen und dir bei der folgenden Checkliste zu helfen. Kreuze alles Zutreffende an.

Ich habe oft folgende Gedanken oder Gefühle:

- ❒ Ich bin ein Nobody, der aus dem Nichts kommt.
- ❒ Ich bin hässlich, schwach und verachtet.
- ❒ Ich habe anderen nichts zu geben.
- ❒ Ich bin kein wirklicher Mann/keine wirkliche Frau.
- ❒ Ich denke, dass andere nicht mit mir reden, weil sie mir überlegen sind.
- ❒ Ich schlage die Augen nieder, wenn ich an anderen vorbeigehe.
- ❒ Ich grüße keinen, weil mich keiner kennt und auch niemand ein Interesse an mir hat.
- ❒ Ich bin schüchtern (oder werde oft als schüchtern eingestuft), weil ich anderen nichts zu sagen habe.
- ❒ Jeder in meiner Familie ist ein Nobody, auch ich.
- ❒ Ich kann wirklich nicht verstehen, warum Gott mich geschaffen hat (Undankbarkeit).
- ❒ Ich kann mich selbst nicht leiden.

B. Minderwertigkeit führt zu Selbstbezogenheit

- ❒ Ich bin oft gehemmt und auf mich selbst konzentriert.
- ❒ Ich vergleiche mich oft mit anderen.
- ❒ Ich frage mich oft, was andere über mich denken, was zu einem tiefen Gefühl der Unsicherheit führt.

C. Minderwertigkeit sorgt dafür, dass wir im Vergleich mit anderen immer zu kurz kommen

- ❒ Ich vergleiche mich ständig mit anderen und ziehe dabei meist den Kürzeren.
- ❒ Ich habe Angst mit Menschen zu reden, die ich als Vorgesetzte betrachte.
- ❒ Ich beneide andere um ihre Freunde, Ehe, Kinder, Freund/Freundin, Arbeitsstelle, berufliche Stellung, Besitz, äußere Erscheinung, Fähigkeiten und Talente.
- ❒ Ich beneide andere um ihr Aussehen, Auftreten und wie sie sich geben.
- ❒ Ich gehe nur Freundschaften mit Menschen ein, die ich als ebenbürtig oder mir unterlegen betrachte.

D. Minderwertigkeit führt dazu, dass wir uns vor gesunden Herausforderungen fürchten und sie vermeiden, obwohl sie von Gott gegeben sind, damit neues Wachstum in unser Leben kommt (Passivität).

❐ Ich bin erleichtert, wenn nicht ich, sondern ein anderer einen Auftrag bekommt.

❐ Ich habe Angst, die Verantwortung für Aufgaben zu übernehmen, weil ich glaube, dass ich versagen werde.

❐ Ich ziehe es vor, anonym und im Hintergrund zu bleiben und bei Aufträgen übergangen zu werden.

❐ Ich hätte gern, dass ich leichte Aufträge bekomme, die ich mit meinen natürlichen Fähigkeiten bewältigen kann.

❐ Ich ziehe es vor, Dinge zu tun, die mir vertraut sind.

❐ Ich rede nur mit Leuten, die ich kenne.

❐ Ich vermeide gerne Risiken (lautes Beten, vor Menschen sprechen, Übernahme von Leitung oder verantwortlichen Positionen.)

❐ Ich habe große Angst zu versagen, deshalb gehe ich auf Nummer Sicher.

❐ Ich ziehe es vor, allein zu sein, weil es sicherer und leichter ist und weniger Arbeit macht.

❐ Ich bin unfähig (oder fühle mich unfähig), das Evangelium weiter zu sagen. („Es ist die Aufgabe anderer!")

❐ Wenn ich gezwungen bin, ein Risiko einzugehen, bin ich bemüht, es möglichst schnell hinter mich zu bringen.

❐ Wenn ich gezwungen bin, an riskanten Aktivitäten teilzunehmen, werde ich müde und erschöpft.

❐ Ich habe keine Freude an Gottes Herausforderungen.

E. Minderwertigkeit kommt aus Unglauben im Bezug auf unsere Autorität und unseren gottgewollten Platz im Leib Christi

❐ Gott nimmt meine Gebete nicht ernst.

❐ Es fällt mir schwer zu glauben, dass ich von Gott für einen bestimmten Zweck erwählt wurde.

❐ Ich habe den Eindruck, dass ich für Gott unwichtig bin.

❐ Wenn ein Pastor darüber spricht, ein „Krieger Christi" zu sein, habe ich den Eindruck, dass er nicht zu mir spricht.

❐ Ich habe den Eindruck, dass mich keiner kennt oder sieht.

❐ Gott spricht nicht zu mir.

❐ Ich stelle oft Gottes Gegenwart in meinem Leben in Frage.

❐ Ich glaube nicht, dass ich eine Autorität oder geistliche Durchsetzungsfähigkeit habe; alles, was ich tue, ist schwach.

❐ Ich kann nicht sehen, wozu ich bestimmt bin (auch wenn jemand versucht, es mir zu zeigen), oder wie ich das Reich Gottes voranbringen könnte.

F. Minderwertigkeit findet Trost in Selbstmitleid

❐ Ich mache andere dafür verantwortlich, dass ich nichts Gutes an mir sehe.

❐ Meine Eltern waren nicht sehr ermutigend. Das ist der Grund, warum ich nicht an mich selbst glaube.

❐ Das sind eben meine Charakterzüge – Gott hat mich so gemacht!

❐ Ich bin das Opfer eines schweren Lebens.

❐ Keiner hat mich je gesegnet, deshalb ist nicht viel von mir zu erwarten.

G. Minderwertigkeit führt zur Kritik an Menschen, die anders sind als wir

❐ Ich kritisiere andere, weil ich manche Dinge nicht auf ihre Weise tun kann oder tun will.

❐ Ich stehe anderen äußerst kritisch gegenüber, wenn man mich herausfordert, weil ich mich nicht ändern kann.

❐ Ich kritisiere andere, wenn ich glaube, dass sie sich mir überlegen fühlen.

H. Minderwertigkeit führt dazu, dass wir anderen den Segen vorenthalten

❐ Ich segne andere nicht, weil ich ihnen nichts zu geben habe.

❐ Ich segne andere nicht, weil meine Gedanken/ermutigenden Worte für sie nicht wichtig sind.

❐ Ich segne andere nicht, weil ich nicht will, dass sie mich übergehen (ich fühle mich bedroht und unsicher).

I. Minderwertigkeit sucht nach menschlicher Anerkennung

❏ Ich fühle mich abgelehnt, wenn ich nicht ermutigt oder anerkannt werde.
❏ Ich tue, was andere gerne von mir haben möchten.
❏ Ich sage Dinge, die dazu führen, dass ich von anderen anerkannt werde.
❏ Ich fühle mich unsicher, wenn andere schlecht von mir denken.
❏ Ich hasse ungelöste Konflikte.

J. Minderwertigkeit führt zu Ehrgeiz.

❏ Es fällt mir schwer, mit Versagen fertig zu werden.
❏ Erfolg hat eine sehr hohe Priorität für mich.
❏ Ich beurteile mich selbst und andere nach ihren Erfolgen.
❏ Ich betrachte Erfolg als etwas, dass unbedingt anzustreben ist.
❏ Ich hätte gerne, dass andere eine hohe Meinung von mir haben.
❏ Ich schätze meinen Ruf.

III. Aus Minderwertigkeit und Bedeutungslosigkeit ausbrechen

A. Bekenne
Jesus, ich bitte dich um Vergebung für alle Unsicherheit und Minderwertigkeit, die Auswirkungen auf mein Leben und das Leben der anderen in meiner Umgebung hatte. (Bitte besonders für jene Punkte um Vergebung, die du angekreuzt hast, sowie für jede Sünde, die dir in Verbindung mit den einzelnen Kategorien in den Sinn kommt.) Ich bitte dich um Vergebung, dass ich im Unglauben verharrte bezüglich der Art, wie du mich gemacht hast, über deine große Liebe und deine Pläne für mich. Ich erkenne das jetzt als Sünde. Ich bereue das und ich verpflichte mich, dieses Muster von Unwichtigkeit und Minderwertigkeit in meinem Leben zu durchbrechen.

B. Widerstehe
Im Namen Jesu und in seiner Autorität weise ich den Geist der Unwichtigkeit in seine Schranken. Ich ergreife die Autorität über jeden Bereich meines Lebens, den ich der Unwichtigkeit und Minderwertigkeit überlassen habe. Alle Geister, die Ärger, Eifersucht, Konkurrenz, Selbstmitleid, Unglauben, Auflehnung und Unsicherheit verursacht haben, und alle Lügengeister müssen jetzt unter die Füße Jesu gehen. Mit der Autorität, die ich in Jesus habe, weise ich im Namen Jesu alle Geister, die mir Lügen ins Ohr flüstern, wer Gott ist und was er von mir (über mich) sagt, von mir.

C. Ersetze
Ich ersetze alle Lügen des Feindes mit der Wahrheit, wer Gott ist und was er von mir sagt. Ich entscheide mich dafür, daran zu glauben, dass ich wertvoll bin, von Gott geliebt und erwählt bin, und dass er mir nichts Gutes vorenthalten wird.

D. Empfange
Jesus, ich empfange die Vergebung, die du versprochen hast. Ich bitte dich, mich mit deinem Heiligen Geist zu erfüllen, und ich empfange diese Erfüllung im Glauben, um ein übernatürliches Leben zu leben. Ich erkenne, wie wichtig ich bin und ich nehme diese Bedeutung an – dass du mich liebst und für mich bist, dass du mich aus einem bestimmten Grund geschaffen hast und einen wunderbaren Sinn für mein Leben hast.

IV. Frei von Minderwertigkeit und Bedeutungslosigkeit leben

Um ein Leben zu führen, das wirklich frei von den Festungen der Bedeutungslosigkeit und Minderwertigkeit ist, müssen wir die Realität, die auf unserer Akzeptanz und Bedeutung in und durch Christi beruht, mit Worten und Taten praktisch umsetzen. Anerkenne diese Wahrheiten, sprich diese Worte aus und lebe danach!

Gott liebt mich sehr. Es ist für ihn eine Beleidigung, wenn wir uns selbst herabsetzen und unsere Wichtigkeit bezweifeln. Erkläre nicht für „unrein", was Gott für rein erklärt hat (Apostelgeschichte 10,15).

Gott hat mich hoch geehrt. Er hat uns angenommen und zu seinen Kindern gemacht, und er bezeichnet uns als eine heilige Priesterschaft in seinem Reich (1. Petrus 2,9-10). Lebe danach! Verwechsle Selbstherabsetzung nicht mit Demut.
Gott schätzt mich sehr. Christus ist für uns gestorben, als wir noch Sünder waren (Römer 5,8). Durch die Erlösung hat Gott im himmlischen Bereich unseren Wert verkündet. Lass deinen Kopf nicht hängen, als ob du wertlos wärst – du wurdest um einen hohn Preis erkauft.

Gott beschenkt mich sehr. Er hat Freude daran, uns Gutes zu geben. Er lässt die Gerechten nie leer ausgehen. Er hat uns alle geistlichen Gaben gegeben, die wir brauchen, um unsere Berufung und Bestimmung zu erfüllen. Lass dich nicht von deinen eigenen Unzulänglichkeiten überwältigen - er wird dich mit allem beschenken, was du brauchst (Philipper 4,19).

Gott hat mich sorgfältig geplant. Er hat uns schon vor der Erschaffung der Welt erwählt (Epheser 1,4). Er hatte also viel Zeit, um über dich nachzudenken!

Gott hat mir reiche Gaben geschenkt. Als Jesus den Widersacher am Kreuz besiegte und wieder auferstand, führte er im Himmel einen Triumphzug an, bei dem er seine Beute verteilte. Ein Teil dieser Beute besteht in den geistlichen Gaben, die er durch den Heiligen Geist allen schenkt, die zu ihm gehören, damit sie damit kämpfen und sein Königreich aufbauen (Epheser 4,7-13). Auch du hast spezielle Gaben für einen ganz bestimmten Zweck in diesem Prozess bekommen.

Gott freut sich unaussprechlich über mich. Er freut sich so sehr über uns, dass er sogar jubelt (Zefanja 3,17). Vergiss nicht, was er sagte, als Jesus getauft wurde: „Das ist mein geliebter Sohn, an dem ich Wohlgefallen habe." Die Bibel sagt uns immer wieder, dass wir „in Christus" sind. Du bist geliebt. Du musst dich nicht beweisen. Der Vater hat sein Wohlgefallen an dir!

V. Bibelstellen, nach denen wir leben können

Sprichwörter 14,30 *Ein gelassenes Herz bedeutet Leben für den Leib, doch Knochenfraß ist die Leidenschaft.*

Jeremia 29,11 *Denn ich, ich kenne meine Pläne, die ich für euch habe - Spruch des Herrn -, Pläne des Heils und nicht des Unheils; denn ich will euch eine Zukunft und eine Hoffnung geben.*

Römer 12,6 *Wir haben unterschiedliche Gaben, je nach der uns verliehenen Gnade. Hat einer die Gabe prophetischer Rede, dann rede er in Übereinstimmung mit dem Glauben;*

Epheser 4,7 *Aber jeder von uns empfing die Gnade in dem Maß, wie Christus sie ihm geschenkt hat.*

Jakobus 3,16 *Wo nämlich Eifersucht und Ehrgeiz herrschen, da gibt es Unordnung und böse Taten jeder Art.*

1. Johannes 3,1 *Seht, wie groß die Liebe ist, die der Vater uns geschenkt hat: Wir heißen Kinder Gottes, und wir sind es. Die Welt erkennt uns nicht, weil sie ihn nicht erkannt hat.*

Passivität

Die Bibel, besonders der Hebräerbrief, fordert uns auf, dass wir uns im Hinblick auf unsere Heiligung, unsere Veränderung nicht passiv verhalten, sondern Initiative und Einsatz zeigen und mit unserem Leben beständig und kraftvoll nach Gott suchen und ihm gehorchen sollen.

Hebräer 12,12-14 *Darum macht die erschlafften Hände wieder stark und die wankenden Knie wieder fest und ebnet die Wege für eure Füße, damit die lahmen Glieder nicht ausgerenkt, sondern geheilt werden. Strebt voll Eifer nach Frieden mit allen und nach der Heiligung, ohne die keiner den Herrn sehen wird.*

Im „Glaubenskapitel" des Hebräerbriefs (Hebräer 11) wird von Menschen berichtet, deren Schwachheit durch den Glauben in Stärke verwandelt wurde. Diese Art von Stärke (dynamis) wurde auch im Kapitel über Gottes Autorität und Macht besprochen (Teil IV in diesem Handbuch). Diese Verwandlung befähigte sie, so stark zu sein, dass sie im Krieg feindliche Heere in die Flucht schlagen konnten (Hebräer 11,34). Aufgrund dieser geistlichen Kraft und Stärke erlebten einige Frauen sogar, dass Ihre Toten wieder lebendig wurden, wie in diesem Kapitel berichtet wird (Vers 35)!

Um wirklich frei von den Angriffen des Feindes auf unser Leben zu werden, damit das Reich Gottes in unserem Leben und in unserer Welt Fortschritte macht, müssen wir in der Kraft, Macht und Autorität Jesu Christi handeln. Wir sind dazu berufen (und bevollmächtigt), „mehr als Überwinder" zu sein (Römer 8,37). Doch der Geist der Passivität versucht die Kraft und Autorität Christi in uns zunichte zu machen. Er versucht uns schwach, hilflos und nutzlos werden zu lassen. Sein Angriff richtet sich auf das Zentrum des Plans, den Gott ursprünglich für uns hatte – nämlich nach seinem Bild Autorität auf der Erde zu sein.

I. Wurzeln der Passivität

Die Wurzel – das Einfallsstor für diese Festung kann aus allen 7 Wurzeltypen herkommen (Liebesdefizit, Ungerechtigkeit, Trauma, Generationenfestung usw.). Auf der Seite 123 steht dir mit dem Übungsblatt eine Hilfe zur Verfügung, wie du Jesus selber nach der Wurzel und den dahinter liegenden Lügen fragen kannst.

Der Geist der Passivität kennt viele Möglichkeiten, um Gottes Feuer in uns zu dämpfen, doch er fängt damit immer in unserem Kopf an. Warum sind wir in unserem Leben und Dienst, in unseren Beziehungen und Aktivitäten nicht überzeugender? Betrachten wir die folgenden Wurzeln der Passivität, die für fehlende Initiative, Aktivität und Gehorsam verantwortlich sind:

• Entmutigung
• Gefühl der Ohnmacht, Bedrückung
• Depression
• Einschüchterung
• Leben im Luxus
• Alles auf später verschieben
• Verschiedene Ängste: Angst vor dem Versagen, Angst vor Konfrontationen, Angst vor Ablehnung usw.
• Selbstbestimmung/Rebellion/ Unabhängigkeit
• Faulheit

II. Passivität erkennen

Passivität bedeutet inaktiv zu bleiben, wo Gehorsam Gott gegenüber angebracht ist. Das kann folgendes einschließen: erlauben, dass aus Hilflosigkeit heraus nicht gehandelt wird, Anpassung ohne Wenn und Aber, Unschlüssigkeit, wo biblischer Gehorsam gefordert ist, mangelnde Initiative.

• Passivität kommt nicht von Gott, sie ist eine Form von Rebellion.
• Sie tritt auf, wo man eigentlich handeln sollte.
• Gott ruft uns heraus aus der Passivität. Er fordert uns auf, aktiv im Glauben zu sein, aktiv Beziehungen aufzunehmen, aktiv im Dienen und in jedem Bereich unseres Lebens zu sein.

Sprichwörter 20,4 *Der Faule pflügt nicht im Herbst; sucht er in der Erntezeit, so ist nichts da.*

Sprichwörter 10,4 *Lässige Hand bringt Armut, fleißige Hand macht reich.*

Hebräer 6,11-12 *Wir wüschen aber, dass jeder von euch im Blick auf den Reichtum unserer Hoffnung bis zum Ende den gleichen Eifer zeigt, damit ihr nicht müde werdet, sondern Nachahmer derer seid, die aufgrund ihres Glaubens und ihrer Ausdauer Erben der Verheißungen sind.*

Geh die folgenden Checklisten betend durch. Bitte den Heiligen Geist, jeden Bereich der Passivität in deinem Leben aufzudecken. Kreuze bitte alles Zutreffende an:

A. Passivität ist eine Form von Unabhängigkeit, die zur Isolation führt

❏ Ich lehne gegenseitige Abhängigkeit ab.
❏ Ich bitte die Gemeinde nicht um Hilfe.
❏ Ich biete den anderen in der Gemeinde keine Hilfe/Dienste an.
❏ Ich betrachte mich mehr als einen „privaten Christen"; ich bin reserviert und zurückhaltend.
❏ Ich kritisiere oft, was in meiner Gemeinde gemacht wird, und ich habe meine Zweifel, was die Leitung betrifft (weil ich viele Fehler sehe); es ist anscheinend das Beste für mich, auf Distanz zu gehen und mich herauszuhalten.
❏ Ich tendiere dazu, die Aktivitäten anderer zu beobachten (in der Gesellschaft oder in meinem Dienst); ich habe selten das Gefühl, dass sich eine Beteiligung lohnt.
❏ Ich habe den Eindruck, dass ich niemanden brauche.
❏ Ich bin es nicht wert, eine Beziehung mit anderen zu haben.

B. Passivität ist eine Form des Widerstands und der Rebellion

❏ Ich widersetze mich Gottes Vergebung, wenn ich die Autorität nicht annehme, die mir Jesus über meine Sünden gegeben hat.
❏ Ich widersetze mich dem Gehorsam Gott gegenüber, wenn ich zulasse, dass Sünde in meinem Leben bleibt.
❏ Ich habe kein Verlangen, Umkehr zu tun.
❏ Ich habe mich an die Sünden in meinem Leben so gewöhnt, dass sie mir gleichgültig geworden sind.

❏ Ich glaube nicht, dass es etwas bringt, die Autorität über die Sünden in meinem Leben zu ergreifen.

❏ Ich wehre mich gegen die Geistesgaben.

❏ Ich glaube nicht, dass Gott mir übernatürliche Gaben geben wird, um durch mich zu wirken.

❏ Ich bin nicht sicher, ob wir auch heute eine Berechtigung auf Geistesgaben haben; Ich möchte mich lieber davon distanzieren.

❏ Ich rechne damit, dass andere Gaben bekommen, aber ich möchte sie nicht haben.

❏ Ich wehre mich gegen Leitungspositionen, weil ich nicht so viel Verantwortung oder Druck haben möchte.

❏ Ich möchte nicht das tun, was andere tun; ich bin mein eigener Herr.

❏ Es liegt mir nicht, mich mehr zu engagieren, und ich möchte nicht dazu gedrängt werden.

❏ Es liegt mir nicht, ein Leiter zu sein und mich durchzusetzen.

❏ Wenn (diese Person) einfach still wäre und hin und wieder jemand anderen reden/leiten/etwas initiieren ließe, würde ich mich vielleicht engagieren (kritischer, verurteilender Geist).

C. Passivität lässt Selbstmitleid zu

❏ Ich kenne Gefühle wie Angst und Ablehnung, deshalb neige ich zu der Annahme, dass es immer so sein wird.

❏ Ich bin ganz zufrieden damit, wie ich bin.

❏ Ich bin ein Opfer; ich weiß nicht, wie es ist, kein Opfer zu sein.

❏ Andere haben kein Recht, von mir zu verlangen, anders zu werden. Ich gebe anderen die Schuld dafür, wie ich bin.

D. Passivität hat mit Bequemlichkeit zu tun

❏ Ich bin ganz zufrieden damit, wo ich geistlich stehe. Mein Leben mit Gott ist völlig in Ordnung.

❏ Ich bin ganz zufrieden mit meinen Emotionen. Ich habe schon immer mit solchen Dingen wie z. B. Depressionen, Unsicherheit, Schüchternheit, Angst, Einsamkeit usw. gekämpft. So sind die Dinge eben. Warum sollte ich mich also damit herumschlagen, nach einer Lösung zu suchen?

❏ Ich bin ganz zufrieden mit meinem Körper. Es ist mir egal, was andere von meiner äußeren Erscheinung halten. Es ist ihr Problem, wenn sie nicht mögen, was sie sehen.

E. Passivität belügt uns

❏ Wenn es wirklich meine Aufgabe wäre, etwas zu ändern oder etwas Neues anzufangen, würde ich mich danach fühlen.

❏ Ich würde versagen, wenn ich etwas Neues versuchen würde!

❏ Das ist einfach nichts für mich!

❏ Mit mir ist alles bestens in Ordnung, deshalb brauche ich auch nichts zu verändern oder nach Freiheit zu suchen.

❏ Man findet zumindest ein bisschen Trost im Selbstmitleid und Opfersein.

❏ Ich brauche niemand, der mir sagt, was ich tun soll.

III. Aus Passivität ausbrechen

A. Bekenne

Bekenne jede Passivität – auch wenn du darin nur Trost, einen Ausweg oder Unabhängigkeit gesucht hast. Bekenne alles, was unter den vorigen Überschriften auf dich zutrifft und was sonst noch angesprochen werden sollte. Bitte Gott um Vergebung und danke ihm dafür.

B. Widerstehe

Weise alle dämonischen Geister der Passivität in die Schranken, die dich mit Lügen über dein wahres Wesen und deine Berufung bombardiert haben, was dazu führte, dass du in jedem Lebensbereich passiv wurdest. Trete ihnen in der Autorität Jesu Christi entgegen, damit er sie unter seine Füße tritt, wie das Wort Gottes sagt. Lehne allen Einfluss, den sie in deinem Leben hatten, vollkommen ab.

C. Ersetze

Tausche den Geist der Passivität mit der Wahrheit über Gottes Wesen und über die Person aus, zu der Gott dich geschaffen hat. Fange an, mit Eigeninitiative zu leben und entwickle eine Leidenschaft für Gott und für alles, was in seinen Augen richtig ist – sowohl für ihn als auch für andere Menschen. Verpflichte dich, das Muster der Passivität zu durchbrechen, indem du die Initiative ergreifst und Gott mit voller Energie nachfolgst.

D. Empfange

Empfange Gottes Vergebung dafür, dass du in Passivität gelebt hast. Nimm sein Angebot an, dich von deinen Sünden zu reinigen und danke ihm dafür. Bitte um die Erfüllung mit dem Heiligen Geist, die dich bevollmächtigen wird, ein Leben zu führen, das Passivität ablehnt und Initiative und Leidenschaft für Gott, seine Ehre, das Kommen seines Reiches und den Gehorsam ihm gegenüber entwickelt.

IV. Frei von Passivität leben

Aus Passivität auszubrechen erfordert, dass wir aus unserer Selbstzentriertheit ausbrechen und zur Selbstlosigkeit finden. Es verlangt auch, dass wir im Glauben die Autorität und Macht ergreifen, die Jesus uns gegeben hat. Wir werfen alle unsere guten Vorsätze, unser Streben nach Wohlergehen und Bequemlichkeit über Bord, um aktiv nach Gott zu suchen und ihm zu gehorchen. Wir fangen an, andere aktiv zu segnen, ihnen zu dienen und sie zu ermutigen, um die Werke und den Dienst Jesu zu tun und alle finsteren Pläne des Feindes zu überwinden. Setze die folgenden Wahrheiten und Aussagen in deinem Leben um:

❏ Ich will bei Gesprächen und Aktivitäten mit anderen die Initiative ergreifen. Ich will auf sie zugehen und nicht darauf warten, dass man zu mir kommt.

❏ Ich will die Autorität über solche sündigen Muster wie Selbstmitleid und ungerechte Behandlung (Opferrolle) ergreifen, auch wenn ich mich nicht danach fühle. Ich will nicht zulassen, dass die Sünde bleibt. Ich will die Autorität ergreifen, die Christus mir geschenkt hat!

❏ Ich will die Dinge tun, die ich tun soll, auch wenn ich mich nicht danach fühle.

❏ Ich will anfangen, andere zu segnen, zu ermutigen und ihnen zu dienen.

❏ Ich will nicht davon ausgehen, dass sich ein anderer darum kümmern wird. Ich will die Verantwortung übernehmen und etwas tun.

❏ Ich will Friedfertigkeit und Passivität nicht miteinander verwechseln. Ich erkenne, dass Inaktivität nichts mit Frieden zu tun hat. Jesus war ein Friedensstifter, aber er hat sich immer energisch gegen das Böse, gegen Ungerechtes und Sünde gewandt (geistlich und praktisch).

❏ Ich will Gebet und Bibellese zur täglichen Priorität in meinem Leben machen und es nicht nur beim guten Vorsatz belassen.

❏ Ich will dem Drängen des Heiligen Geistes nachgeben. Ich will es nicht beiseite schieben und sagen: „Das war nur meine Einbildung", oder: „Das kann ich später tun...".

❏ Wenn mich der Heilige Geist von einer Sünde in meinen Gedanken, Worten, Taten oder Haltungen überführt, will ich Umkehr tun, sofort umkehren und in die entgegen gesetzte Richtung gehen. Ich will Sünde in meinem Leben nicht tolerieren.

❏ Wenn der Heilige Geist zu mir spricht und mich drängt, jemandem ein Wort der Ermutigung, Unterscheidung, Heilung oder Hoffnung zu sagen, dann will ich es tun!

❏ Ich will zu meinen Versprechen und Verpflichtungen stehen. Wenn ich jemandem versprochen habe, etwas zu tun, dann will ich es auch tun!

V. Bibelstellen, nach denen wir leben können

Jakobus 4,17 *Wer also das Gute tun kann und es nicht tut, der sündigt.*

Sprichwörter 20,4 *Der Faule pflügt nicht im Herbst; sucht er in der Erntezeit, so ist nichts da.*

Hebräer 6,11-12 *Wir wünschen aber, dass jeder von euch im Blick auf den Reichtum unserer Hoffnung bis zum Ende den gleichen Eifer zeigt, damit ihr nicht müde werdet, sondern Nachahmer derer seid, die aufgrund ihres Glaubens und ihrer Ausdauer Erben der Verheißungen sind.*

Apostelgeschichte 20,34-35 *Ihr wisst selbst, dass für meinen Unterhalt und den meiner Begleiter diese Hände hier gearbeitet haben. In allem habe ich euch gezeigt, dass man sich auf diese Weise abmühen und sich der Schwachen annehmen soll, in Erinnerung an die Worte Jesu, des Herrn, der selbst gesagt hat: Geben ist seliger als nehmen.*

1. Korinther 9,24-25 *Wisst ihr nicht, dass die Läufer im Stadion zwar alle laufen, aber dass nur einer den Siegespreis gewinnt? Lauft so, dass ihr ihn gewinnt. Jeder Wettkämpfer lebt aber völlig enthaltsam; jene tun dies, um einen vergänglichen, wir aber, um einen unvergänglichen Siegeskranz zu gewinnen.*

2. Timotheus 2,6-7 *Der Bauer, der die ganze Arbeit tut, soll als erster seinen Teil von der Ernte erhalten. Überlege dir, was ich sage. Dann wird der Herr dir in allem das rechte Verständnis geben.*

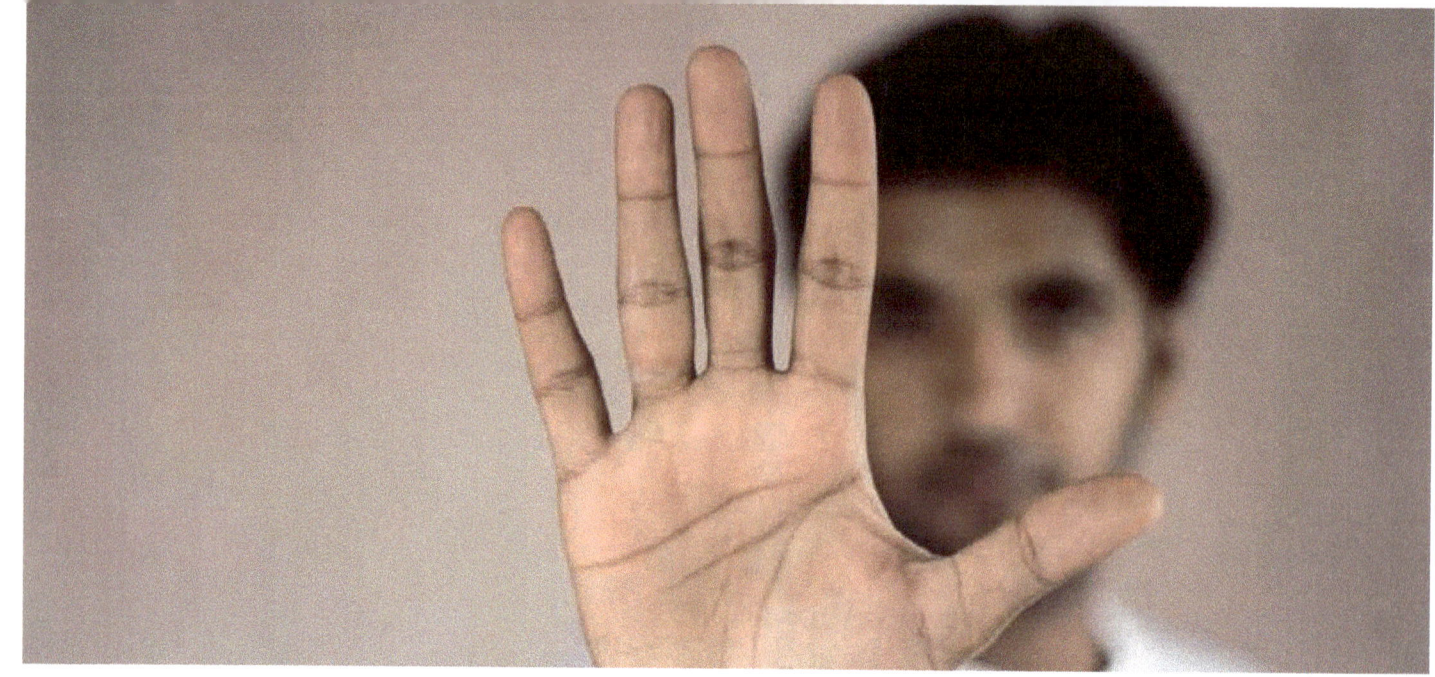

Ablehnung

Wir leben in einer Gesellschaft, die das Gewinnen schätzt und dem Sieger zujubelt. Wir leben unter einer Weltanschauung, die Favoriten bevorzugt und Zweite weniger achtet. Wir lernen eigentlich schon von Geburt an, dass immer der Schönste oder Talentierteste bei anderen ankommt. Alle, auf die diese Beschreibung nicht zutrifft (nämlich die meisten von uns), haben das Nachsehen. Und so kommt es, dass der lebenslange Kampf gegen Ablehnung für jeden von uns zum Thema wird, noch ehe bestimmte Dinge oder Haltungen gegen uns gerichtet sind.

Ablehnung ist etwas, das vielen Festungen, Sünden und Fehlhaltungen zugrunde liegt. Das ist darauf zurückzuführen, dass Ablehnung auf die ganze Persönlichkeit Auswirkungen hat. Sie ist nicht nur gegen den Einzelnen gerichtet, sondern sie erweist sich als negativ für alle menschlichen Beziehungen – für Ehe, Familie, Dienst, Arbeit und gesellschaftliches Leben. Wenn unser Leben beginnt, ist die Bühne bereits inszeniert aufgrund der Weltanschauung, die bekanntlich unter der Herrschaft des Widersachers, des „Anklägers unserer Brüder", ist (Offenbarung 12,10). Obwohl wir uns nach Liebe und Annahme sehnen, ernten wir stattdessen unterwegs oft Ablehnung. Wir lernen die Lügen zu glauben, die uns über unseren Wert, unsere Bedeutung und die Liebe Gottes, unseres himmlischen Vaters, eingeflüstert werden.

Wenn wir in Christus sind, müssen wir uns aber an dieser Weltanschauung nicht beteiligen. Wir sind nicht abgelehnt, sondern **angenommen** (Römer 15,7). Es gibt **nichts,** das uns von der Liebe unseres himmlischen Vaters trennen kann (Römer 8,38-39), und wir müssen die Lügen nicht glauben, die uns etwas anderes sagen. Im Gegenteil, wir müssen diesen Lügen direkt in die Augen blicken, identifizieren, worin sie bestehen und woher sie kommen, und sie mit dem Schwert des Geistes – dem Wort Gottes – völlig vernichten.

I. Wurzeln von Ablehnung

Die Wurzel – das Einfallsstor für diese Festung kann aus allen 7 Wurzeltypen herkommen (Liebesdefizit, Ungerechtigkeit, Trauma, Generationenfestung usw.). Auf der Seite 123 steht dir mit dem Übungsblatt eine Hilfe zur Verfügung, wie du Jesus selber nach der Wurzel und den dahinter liegenden Lügen fragen kannst.

- Abwesende Väter oder Mütter
- Fehlende Bindung zu den Eltern
- Scheidung der Eltern
- Als Kind nicht gewollt sein; das „falsche Geschlecht" haben
- Adoption
- Konkurrenz mit Geschwistern

- Verschiedene Formen des Missbrauchs (physisch, emotional, sexuell)
- Süchte der Eltern
- Scham eines Familienmitglieds
- ständiger Streit oder Kampf
- ungerechte Strafen
- Desinteresse an den Aktivitäten eines Kindes
- Verschiedene Formen und Grade von Vernachlässigung/im Stich lassen
- mit einem körperlichen Gebrechen oder einer Behinderung leben
- Unzufriedenheit mit unserem Aussehen oder unseren Fähigkeiten
- Untreue eines Ehepartners
- Scheidung
- Zerbrechen einer Verlobung oder einer anderen wichtigen Beziehung
- Verlust einer geliebten Beschäftigung
- von einem loyalen Freund verraten werden
- unerwarteter, vorzeitiger Tod eines geliebten Menschen
- geistlicher Missbrauch, Verletzung oder Verrat in einer Kirche/Gemeinde
- rassistische Vorurteile
- Klassenunterschiede

II. Folgen von Ablehnung

- Führt dazu, dass sich Menschen auf eigene Kompensationsmechanismen verlassen (falscher Trost), statt auf Gottes Wahrheit und die Kraft und Stärke des Heiligen Geistes
- Schürt Rebellion (Ablehnung führt zu Auflehnung), einschließlich aggressiver Haltungen, Schimpfen, Widerspenstigkeit, Auflehnung, Kampf und Beleidigungen
- Fördert Stolz, Egoismus und Überheblichkeit
- Führt zu Kontrolle, Manipulation und Besitzgier
- Zwingt Menschen dazu, andere abzulehnen
- Ist der Grund, warum der Trost von anderen abgelehnt wird
- Fördert Härte, Skepsis und Unglauben
- Führt zur Selbstablehnung (geringes Selbstbewusstsein, Minderwertigkeit, Unsicherheit, Unzulänglichkeit, Kummer und Sorgen)
- Verursacht Selbstvorwürfe und Selbstverurteilung
- Führt zur Unfähigkeit oder Weigerung, mit anderen zu reden (es ist schwer, mit einer Person Dinge aufzuarbeiten, die sich abgelehnt fühlt)
- Schürt und nährt Furcht und Ängste, Sorgen, negatives Denken und Pessimismus
- Erzeugt Depression, Hoffnungslosigkeit und Verzweiflung
- Löst Selbstzerstörung in Gedanken und Taten aus
- Nährt Leistungsbezogenheit im Leben, in Beziehungen und im Dienst
- Nährt Leistungsdenken, Wetteifer, Konkurrenzdenken und Perfektionismus
- Treibt Menschen in Rückzug, Isolation und Unabhängigkeit
- Fördert Selbstschutz, Selbstbezogenheit, Selbstsucht, Selbstrechtfertigung, Selbstüberschätzung und Selbstmitleid (alles Dinge, die mit uns selbst zu tun haben!)
- Schürt Kritiksucht, Vorurteile, Neid, Eifersucht und Begierden
- Sorgt dafür, dass Menschen emotional unreif bleiben

III. Ablehnung erkennen

Geh betend die folgende Liste durch. Bitte den heiligen Geist, alle Bereiche in deinem Leben aufzudecken, die von Ablehnung bestimmt sind. Bitte kreuze alles Zutreffende an:

❏ Ich interpretiere Dinge, die sowohl positiv als auch negativ sein können, meist negativ.

❏ Ich sehe alles, was andere zu mir sagen, durch eine Brille der Ablehnung.

❏ Ich kritisiere im Nachhinein, was ich gesagt oder getan habe, und habe negative Gedanken darüber, was andere vermutlich über mich denken.

- ❐ Es fällt mir schwer, auf andere zuzugehen und meine geistlichen Gaben auszuüben.
- ❐ Ich versuche oft, zu viel zu tun, oder ich springe von einer Sache zur anderen, von einem Job zum anderen, von einem Dienst zum anderen, im Bemühen, von Gott und/oder den Menschen anerkannt zu werden.
- ❐ Es fällt mir schwer, von anderen etwas anzunehmen oder ihnen Liebe und Zuneigung zu zeigen.
- ❐ Wenn mir von anderen ein Kompliment gemacht wird, glaube ich ihnen nicht.
- ❐ Ich habe die Neigung, Autoritäten anzuzweifeln, in Frage zu stellen oder ihnen zu misstrauen.
- ❐ Ich bin skeptisch und ungläubig, wenn mir andere ihre Freundschaft anbieten oder Wertschätzung zeigen.
- ❐ Andere würden mich als hart/streng beschreiben.
- ❐ Ich kämpfe damit, andere nicht zu beschimpfen oder zu beleidigen, wenn ich zornig bin.
- ❐ Wenn ich mit etwas konfrontiert werde, besteht meine erste Reaktion darin, mich zu rechtfertigen oder alles von mir zu weisen.
- ❐ Ich gebe Menschen, die noch nicht gerettet sind, weder ein Zeugnis noch gebe ich das Evangelium weiter.
- ❐ Ich befürchte, dass ich oder meine Angehörigen von Gott nicht erwählt wurden, um gerettet zu werden.
- ❐ Ich muss meine Familie kontrollieren, damit sie sicher sind und Erfolg haben, dadurch werden sie mich lieben und zu schätzen wissen.
- ❐ Ich bin in Beziehungen besitzergreifend.
- ❐ Ich schätze mein Aussehen, meine Fähigkeiten und Erfolgsaussichten in meinem Leben und Dienst niedrig ein.
- ❐ Ich neige zu Depressionen.
- ❐ Ich mache mir oft Sorgen darüber wie ich und meine Kinder von anderen gesehen werden, was die Zukunft bringen wird, ob ich versorgt und beschützt bin usw.
- ❐ Ich brauche es, gebraucht zu werden. Deshalb suche ich ständig nach Situationen, in denen andere ohne meine Hilfe, Anwesenheit, Fähigkeiten und Hilfe anscheinend nicht zurechtkommen.
- ❐ Ich habe Hemmungen, meine tiefsten Gefühle mit anderen zu teilen, auch wenn diese mir nahe stehen.
- ❐ Ich habe Angst, meine Schwächen vor meiner Frau/meinem Mann, meinen Freunden oder anderen mir nahe stehenden Menschen zuzugeben, weil ich befürchte, dadurch meine Autorität und Achtung in ihren Augen zu verlieren.
- ❐ Ich habe Angst, meine Schwächen vor meiner Frau/meinem Mann, meinen Freunden oder anderen mir nahe stehenden Menschen zuzugeben, weil ich befürchte, dass sie mich aufgrund meiner Schwächen ausnutzen.
- ❐ Ich bin gleichzeitig kritisch und neidisch auf andere, die selbstbewusster sind, sich besser ausdrücken können und anscheinend mehr Freunde und Möglichkeiten haben als ich.
- ❐ Ich bin konkurrierend und ehrgeizig. Ich denke, wenn ich schon nicht geliebt bin, dann will ich wenigstens bewundert sein.
- ❐ Ich finde Trost im Alleinsein; man könnte mich als Einzelgänger bezeichnen.

A. Falsche Ablehnung

Die oben erwähnten Probleme haben ihre Wurzeln in der Realität – die Dinge, die zu einem Gefühl der Ablehnung führten, sind wirklich passiert. Zwei Formen der Ablehnung, die aber nicht auf Realität beruhen, sind die interpretierte Ablehnung und die befürchtete Ablehnung. Diese sind rein dämonische Lügen, um eine Person davon zu überzeugen, dass sie abgelehnt ist oder werden wird, obwohl es nicht so ist. Diese Lügen können uns lähmen, alle Lebensfreude rauben und uns zwingen, stets auf der Hut zu sein vor dem, was andere vielleicht denken.

B. Interpretierte Ablehnung

- ❐ Ich habe den Eindruck, dass die anderen immer über mich reden, auch wenn sie es nicht tun.
- ❐ Ich glaube, dass sie sich gegen mich verschwören, auch wenn sie es nicht tun.
- ❐ Ich interpretiere Dinge, die sowohl positiv wie negativ sein können, normalerweise als negativ.
- ❐ Ich sehe alles, was andere zu mir sagen, durch eine Brille der Ablehnung.

C. Befürchtete Ablehnung

- ❐ Ich werde oft von lähmenden Gedanken wie den folgenden gequält: Das kann ich nicht tun! Wie würde das auf andere wirken? Was werden die anderen denken, wenn ich das trage, das sage, das mache?
- ❐ Ich bin unfähig, auf andere zuzugehen, um meine geistlichen Gaben auszuüben (um ihnen zu helfen oder sie zu segnen, zu ermahnen oder zu ermutigen usw.)
- ❐ Ich erfahre beim Gebet oder persönlichen Lobpreis keine vertraute Beziehung mit Gott, da ich erwarte, von ihm abgelehnt zu werden.
- ❐ Ich bin beim gemeinsamen Lobpreis gehemmt, da ich mir Gedanken darüber mache, was die anderen vielleicht über mich denken.

❐ Ich bin oft ängstlich, weil ich nicht weiß, wie ich zu anderen Zugang finden kann.

❐ Ich tröste und ermutige andere nicht, auch wenn ich spüre, dass sie es brauchen.

❐ Ich mache keine kühnen Glaubensschritte, weil ich Angst habe, dass ich es verpfuschen könnte, oder befürchte, dass andere nicht haben wollen, was ich zu geben habe.

❐ Ich beende Beziehungen, bevor andere die Chance haben, mich zu verletzen.

❐ Ich habe Angst, eine verbindliche Beziehung zu einer Person des anderen Geschlechts einzugehen, weil ich das Zerbrechen dieser Beziehung befürchte, das bestimmt kommen wird.

IV. Aus Ablehnung ausbrechen

Wenn du gegen die Bindung der Ablehnung betest, solltest du allen vergeben, von denen du verletzt wurdest (sei es durch reale oder angenommene Verletzungen) und diese Menschen segnen. Das kann bedeuten, dass du bis in deine Kindheit zurückgehen musst. Man braucht dabei nicht alles auf einmal zu behandeln. Es kann sein, dass du mehrere Gebetszeiten brauchst, um dich mit der Bindung der Ablehnung zu beschäftigen. Geh bei diesem Gebet nach den vier folgenden Schritten vor:

A. Bekenne

Bekenne vor Gott, dass dein Leben von Furcht vor Ablehnung bestimmt war und dass du mit Sünde darauf reagiert hast. Benutze die Listen auf den vorhergehenden Seiten, die dir helfen werden, diese zu entdecken und vor Gott zu bekennen und ihn um Vergebung zu bitten.

B. Widerstehe

Weise die Lügen des Feindes und seinen Einfluss in die Schranken. Ergreife die Autorität über seine finsteren Pläne, dich zu binden, um dich über die Liebe des Vaters zu täuschen und von deinen Mitmenschen zu isolieren.

C. Ersetze

Ersetze diese Lügen mit der Wahrheit und dem sicheren Vertrauen, dass Gott dich liebt und angenommen hat. Bestätige diese Wahrheiten, indem du sie laut aussprichst. Erneuere ständig dein Denken, indem du Zeit mit Gott verbringst, in der Bibel liest, betest, den Gottesdienst besuchst und Gemeinschaft mit deiner Familie, deinen Freunden und deiner Gemeinde hast.

D. Empfange

Empfange Gottes Vergebung und eine neue Erfüllung mit seinem Heiligen Geist. Bitte Gott darum, dass er dir seine große Liebe ganz neu und persönlich offenbart. Er hat Freude daran, solche Gebete zu erhören.

V. Frei von Ablehnung leben

Beschließe, allen Menschen zu vergeben, die dich verletzt oder abgelehnt haben (sei es real oder angenommen) und sie zu segnen. Tu dasselbe mit Situationen und Verhältnissen, in denen Verletzung und Ablehnung fortwährend andauert. Vergiss nicht, dass uns der Widersacher zu Bitterkeit, Groll und Ärger anstacheln will. Deine Weigerung, zu vergeben, wird so zu einem bösartigen Krebsgeschwulst, das nicht nur dir selbst, sondern auch deiner Umgebung Schaden zufügt. Das ist der Grund, warum in der Bibel das Thema der Vergebung so oft zur Sprache kommt.

Matthäus 6,12-15 *Und erlass uns unsere Schulden, wie auch wir sie unseren Schuldnern erlassen haben. (...) Denn wenn ihr den Menschen ihre Verfehlungen vergebt, dann wird euer himmlischer Vater auch euch vergeben. Wenn ihr aber den Menschen nicht vergebt, dann wird euch euer Vater eure Verfehlungen auch nicht vergeben.*

Römer 12,20-21 *Vielmehr: Wenn dein Feind Hunger hat, gib ihm zu essen, wenn er Durst hat, gib ihm zu trinken; tust du das, dann sammelst du glühende Kohlen auf sein Haupt. Lass dich nicht vom Bösen besiegen, sondern besiege das Böse durch das Gute!*

Epheser 4,31-5,2 *Jede Art von Bitterkeit, Wut, Zorn, Geschrei und Lästerung und alles Böse verbannt aus eurer Mitte! Seid gütig zueinander, seid barmherzig, vergebt einander, weil auch Gott euch durch Christus vergeben hat.*
Ahmt Gott nach als seine geliebten Kinder, und liebt einander, weil auch Christus uns geliebt und sich für uns hingegeben hat als Gabe und als Opfer, das Gott gefällt.

Setze dein Vertrauen in Gottes große, bedingungslose Liebe für dich, die nie aufhören wird. Gott hat keinen Fehler gemacht, als er dich gemacht hat! Seine große Liebe zeigt sich darin, dass Jesus am Kreuz für uns gestorben ist und in seiner permanenten Treue und Wertschätzung für uns. Wenn du die Bindung der Ablehnung zerstören und alle damit verbundenen dämonischen Lügen zurückweisen willst, solltest du sie durch die Wahrheit über Gottes große Liebe für dich ersetzen.

1. Johannes 3,1 *Seht, wie groß die Liebe ist, die der Vater uns geschenkt hat: Wir heißen Kinder Gottes, und wir sind es.*

Lebe in diesen Wahrheiten. Das bedeutet, nach unserem Glauben und nicht nach unseren Gefühlen zu handeln! Es bedeutet, liebevoll und zuversichtlich zu sein, auch wenn wir befürchten, von anderen abgelehnt zu werden: von Eltern, Freunden, Kindern, Mitarbeitern, Nachbarn oder unserer Gemeinde. Es bedeutet, dass wir vergeben und weitermachen, auch wenn wir abgelehnt werden. Das kann auch bedeuten, folgende Dinge zu bestätigen und danach zu leben:

❑ Ich will mich der Wahrheit aussetzen, was Gott darüber sagt, wer ich wirklich bin: wie sehr er mich liebt, dass er mich annimmt und mir seine Treue erweist. Ich will den Lügen des Feindes, die er vielleicht schon seit frühester Kindheit in mich eingepflanzt und in mir bestärkt hat, dass ich nicht geliebt, nicht angenommen, wertlos und abgelehnt bin, keinen Glauben schenken.

❑ Ich will andere nicht aufgrund meiner eigenen Ängste, Verletzungen und Unsicherheiten behandeln, sondern ihnen vergeben und ihnen in der Wahrheit des Wortes Gottes begegnen. Ich will sie segnen, lieben und annehmen.

❑ Ich will andere ermutigen und ihnen Zuneigung zeigen.

❑ Ich will meine Gedanken und Gefühle vor anderen ehrlich offen legen, ohne zu befürchten, dass ich abgelehnt werde.

❑ Ich will nicht mehr auf Rebellion zurückgreifen, um meinen Ärger über das Gefühl der Ablehnung zum Ausdruck zu bringen.

❑ Ich will nicht mehr versuchen, nur deshalb etwas für andere zu tun, damit sie mich lieben und akzeptieren. Ich will mit meinen Geistesgaben in der Kraft und Leitung des Heiligen Geistes dienen.

❑ Ich will meine Schwächen und Verletzlichkeiten vor meinem Ehepartner nicht verstecken, sondern darauf vertrauen, dass Gott mir hilft.

❑ Ich will Menschen, die mich anscheinend ablehnen oder mehr Freiheit, Akzeptanz und Vertrauen haben als ich, nicht kritisieren.

❑ Ich will Haltungen einüben, Dinge tun und Worte sprechen, die andere trösten und ermutigen.

❑ Ich will mich nicht in Selbstmitleid oder Einsamkeit flüchten.

❑ Ich will ganz «ich selbst» sein und mich zunehmend darüber freuen, wie Gott mich gemacht hat.

❑ Ich will meinen Glauben an Jesus Christus an andere weitergeben, wann immer und wo immer der Heilige Geist eine Chance dazu schenkt.

VI. Bibelstellen, nach denen wir leben können

Psalm 13,1.6 *Herr! Hast du mich für immer vergessen? Wie lange willst du dich noch verbergen? (...) Doch ich verlasse mich auf deine Liebe, ich juble über deine Hilfe. Mit meinem Lied will ich dir danken, Herr, weil du so gut zu mir gewesen bist.*

Psalm 27,1.10 *Der Herr ist mein Licht und mein Heil: Vor wem sollte ich mich fürchten? Der Herr ist die Kraft meines Lebens: Vor wem sollte mir bangen? (...) Wenn mich auch Vater und Mutter verlassen, der Herr nimmt mich auf.*

Psalm 66,20 *Gepriesen sei Gott; denn er hat mein Gebet nicht verworfen und mir seine Huld nicht entzogen.*

Jesaja 41,9-10 *Ich habe dich von den Enden der Erde geholt, aus ihrem äußersten Winkel habe ich dich gerufen. Ich habe zu dir gesagt: Du bist mein Knecht, ich habe dich erwählt und dich nicht verschmäht. Fürchte dich nicht, denn ich bin mit dir; hab keine Angst, denn ich bin dein Gott. Ich helfe dir, ja, ich mache dich stark, ja, ich halte dich mit meiner hilfreichen Rechten.*

Jesaja 54,10 *Berge mögen von ihrer Stelle weichen und Hügel wanken, aber meine Liebe zu dir kann durch nichts erschüttert werden und meine Friedenszusage wird niemals hinfällig. Das sage ich, der Herr, der dich liebt.*

Römer 5,8 *Gott aber hat seine Liebe zu uns darin bewiesen, dass Christus für uns gestorben ist, als wir noch Sünder waren.*

Römer 8,38-39 *Denn ich bin gewiss: Weder Tod noch Leben, weder Engel noch Mächte, weder Gegenwärtiges noch Zukünftiges, weder Gewalten der Höhe oder Tiefe noch irgendeine andere Kreatur können uns scheiden von der Liebe Gottes, die in Christus Jesus ist, unserem Herrn.*

Epheser 3,17-19 *Durch den Glauben wohne Christus in eurem Herzen. In der Liebe verwurzelt und auf sie gegründet, sollt ihr zusammen mit allen Heiligen dazu fähig sein, die Länge und Breite, die Höhe und Tiefe zu ermessen und die Liebe Christi zu verstehen, die alle Erkenntnis übersteigt. So werdet ihr mehr und mehr von der ganzen Fülle Gottes erfüllt.*

Scham
und Hoffnungslosigkeit

Scham verursacht, dass wir uns in allen Bereichen unseres Lebens zurückhalten. In ihrem Schatten tendieren wir dazu, oberflächliche und zurückhaltende Beziehungen einzugehen. Wir leben nicht mutig und selbstbewusst in der Macht und Autorität, die wir in Jesus Christus haben. Wir leben stattdessen in der Angst, dass jemand entdecken könnte, wie schmutzig oder unzulänglich wir in Wirklichkeit sind (oder zu sein glauben). Scham ist wie ein unsichtbarer Klotz am Bein, den wir durchs Leben schleifen.

Das ist nicht nach Gottes Plan, wie seine Kinder leben sollen. Sein Wort sagt, dass niemand, der auf ihn hofft, zuschanden werden wird (Psalm 25,3). Er möchte, dass wir die Lasten, über die wir uns schämen, zu ihm bringen und zulassen, dass er sie uns abnimmt. Aber solange unsere Sünden und unsere Scham darüber im Dunkeln bleiben, sind sie ein Teil von Satans Reich. Er hat sozusagen ein legales Anrecht über sie. Wenn wir unsere Sünden aber bekennen und ans Licht bringen, brechen wir damit die Macht, die der Widersacher über sie hat. Uns ist vergeben. Wir sind rein. Wir sind wieder hergestellt. Wir sind gerecht gemacht. Wir sind frei!

1. Johannes 1,9 *Wenn wir unsere Sünden bekennen, ist er treu und gerecht; er vergibt uns die Sünden und reinigt uns von allem Unrecht.*

Jesaja 61,10 *Denn er kleidet mich in Gewänder des Heils, er hüllt mich in den Mantel der Gerechtigkeit, wie ein Bräutigam sich festlich schmückt und wie eine Braut ihr Geschmeide anlegt.*

Hoffnungslosigkeit ist oft mit Scham verbunden. Hoffnungslosigkeit gibt uns ein Gefühl von Schmerz, Traurigkeit, Entmutigung und Selbstverurteilung, von dem wir glauben, dass es nie weggehen wird. Wir geben es auf, auf Glück zu hoffen. Wir geben es auf, auf wahre, bleibende Freiheit zu hoffen. Auch das ist eine Lüge des Feindes!

I. Wurzel von Scham und Hoffnungslosigkeit

Die Wurzel – das Einfallsstor für diese Festung kann aus allen 7 Wurzeltypen herkommen (Liebesdefizit, Ungerechtigkeit, Trauma, Generationenfestung usw.). Auf der Seite 123 steht dir mit dem Übungsblatt eine Hilfe zur Verfügung, wie du Jesus selber nach der Wurzel und den dahinter liegenden Lügen fragen kannst.

II. Scham und Hoffnungslosigkeit erkennen

Definition von Scham: schmerzliche Schuldgefühle aufgrund von falschem Verhalten; verbunden mit Taten, die von jemand begangen wurden, oder auch mit Missbrauch, der an jemand begangen wurde; meist eine Reaktion auf etwas Verborgenes, das geheim gehalten wird. Verwandte Begriffe: Schmach, Schande, tiefe Verlegenheit.

Definition von Hoffnungslosigkeit: keine Lösungsmöglichkeit zur Bewältigung sehen, keinen günstigen Ausgang erwarten, verzweifelt und niedergeschlagen sein.

1. Scham und Hoffnungslosigkeit werden oft als schwerer Ballast bezeichnet, den man glaubt, durchs Leben schleppen zu müssen.

2. Scham und Hoffnungslosigkeit sind nicht von Gott.

Psalm 25,3 *Denn niemand, der auf dich hofft, wird zuschanden.*

Psalm 43,5 *Meine Seele, warum bist du betrübt und bist so unruhig in mir? Harre auf Gott; denn ich werde ihm noch danken, meinem Gott und Retter, auf den ich schaue.*

3. Scham ist eine Folge von Sünde.

Sprichwörter 13,18 *Armut und Schande erntet ein Verächter der Zucht, doch wer Tadel beherzigt, wird geehrt.*

Jeremia 8,9 *Zuschanden werden die Weisen [...] Das Wort des Herrn haben sie verworfen.*

4. Hoffnungslosigkeit ist eine Folge davon, dass man die Liebe Gottes nicht wirklich erkannt hat und darin lebt.

Römer 5,5 *Die Hoffnung aber lässt nicht zugrunde gehen; denn die Liebe Gottes ist ausgegossen in unsere Herzen durch den Heiligen Geist, der uns gegeben ist.*

A. Scham

Bitte kreuze an, was auf dich zutrifft:

1. Scham führt dazu, dass wir nur oberflächliche, zurückhaltende Beziehungen eingehen.

❏ Ich habe Angst, dass andere etwas über diese Sünde herausfinden.
❏ Es fällt mir schwer, vertrauensvolle Beziehungen mit anderen aufzubauen, weil ich mich davor hüte, mit anderen nicht zu persönlich zu werden.
❏ Ich habe große Angst, dass andere meine hässliche Sünde „sehen". Das führt dazu, dass ich Angst habe, irgendjemand nahe zu kommen, einschließlich Gott.
❏ Ich lebe in ständiger Angst, von anderen abgelehnt zu werden, wenn sie meine Sünde entdecken.

2. Scham führt zu einem andauernden Kampf mit Selbstverurteilung.

❏ Ich kämpfe mit Minderwertigkeitsgefühlen.
❏ Ich neige dazu, negativ über mich selbst zu denken, und ich kämpfe andauernd mit diesen negativen Gedanken.
❏ Wenn ich mit anderen vergleiche, ziehe ich bei diesem Vergleich so gut wie immer den Kürzeren.
❏ Ich bin von dieser Sünde völlig schachmatt gesetzt.
❏ Ich versuche diese verurteilenden Gedanken dadurch auszugleichen, dass ich mich dazu zwinge, auf anderen Gebieten erfolgreich zu sein (bei der Arbeit, in der Schule, beim Sport usw.). Ich hoffe irgendwie, dass die verurteilenden Gedanken dadurch widerlegt werden, aber ich scheine damit nicht durchzukommen.

3. Scham führt zu tiefen Schuldgefühlen und einem Gefühl der Wertlosigkeit, was wiederum zu Selbsthass führt.

❏ Ich fühle mich schmutzig, verdorben oder „befleckt".

❏ Es fällt mir schwer, eine persönliche Beziehung zu Gott zu finden, weil ich glaube, so weit weg von ihm zu sein.

❏ Ich scheine unfähig zu sein, mir selbst zu vergeben.

❏ Ich habe den Eindruck, dass ich nie einen gläubigen Mann /eine gläubige Frau heiraten kann, denn er/sie könnte diese Sünde entdecken und mich ablehnen.

❏ Ich glaube nicht, dass ich andere führen kann, denn diese Sünde hat mich verachtenswert gemacht.

❏ Ich hasse mich; ich schiebe nicht die Schuld auf andere, wenn sie nicht meine Freunde sein wollen, denn ich verdiene ihre Freundschaft ohnehin nicht.

4. Scham führt dazu, dass man an diese Sünde ständig erinnert wird (durch Räume, Erinnerungen usw.).

❏ Ich kann nicht aufhören, daran zu denken.

❏ Ich kämpfe ständig mit diesen peinlichen Erinnerungen an meine schlimme(n) Erfahrung(en).

❏ Ich habe beunruhigende Träume und Visionen über diese Sünde.

5. Scham raubt uns die Freude über die Vergebung und blockiert Gottes Heilung.

❏ Ich glaube nicht, dass mir diese Sünde vergeben werden kann.

❏ Es fällt mir schwer, daran zu glauben, dass Gott auch das vergeben kann.

❏ Ich kann niemand davon erzählen, auch Gott nicht, weil es so beschämend ist.

6. Scham erzählt uns Lügen.

❏ Kein anderer hat je eine so schlimme Sünde begangen.

❏ Ich habe das Schlimmste getan, was man tun kann.

❏ Ich kann diese Sünde keinem erzählen, weil man mich ablehnen wird.

❏ Ich werde nie wieder rein sein.

❏ Ich werde nie mehr tiefe Beziehungen mit anderen haben, weil ich auf Nummer Sicher gehen muss, dass sie nie die Wahrheit über diese Sünde herausfinden.

❏ Ich bin „befleckt".

❏ Ich verdiene keinen gläubigen Ehepartner.

❏ Ich habe keinen Wert.

❏ Ich kann andere nicht leiten.

Anmerkung: Diese Scham wird dich so lange im Griff haben, bis du deine Angst überwunden hast und die konkrete Sünde benennst, die zu dieser Scham geführt hat. „Darum bekennt einander eure Sünden und betet füreinander, damit ihr geheilt werdet. Viel vermag das inständige Gebet eines Gerechten" (Jakobus 5,16). Bekenne jeden Bereich vor einem Menschen, bevor du zu dem Gebet in vier Schritten übergehst. Halte nichts zurück. Männer sollten im Allgemeinen bei Männern und Frauen bei Frauen beichten. Da Selbsthass oft ein Teil der Scham ist, bitte Gott auch dafür um Vergebung. Geh erst danach zu dem Gebet in vier Schritten über.

B. Hoffnungslosigkeit

1. Passivität verschlimmert die Hoffnungslosigkeit zusätzlich.

❏ Es fällt mir schwer, Zeit mit Gott zu verbringen.

❏ Ich ertappe mich tagsüber oft bei dem Gedanken: „Wozu soll das gut sein?"

❏ Ich fange keine Gespräche mit meinen Freunden, Familienmitgliedern oder Mitarbeitern an.

❏ Ich erwarte, dass andere auf mich zukommen und mich dort abholen, wo ich bin.

❏ Ich glaube nicht, dass ich notwendig bin, also nehme ich Abstand von Menschen oder Projekten.

- ❒ Ich glaube nicht, das es etwas bringt, die Sünde in meinem Leben zu bekennen, deshalb tue ich es nicht.
- ❒ Ich habe wenig Leidenschaft für die Dinge, welche Gott am Herzen liegen (Evangelisation, Gebet, Dienen, Gottes Wort).
- ❒ Ich lasse vieles zu, das in meinem Leben passiert.
- ❒ Ich glaube, dass die Idee der Hoffnung nur eine Selbsttäuschung ist.
- ❒ Mir mangelt es an Motivation, um zu beten oder in der Bibel zu lesen.
- ❒ Ich habe in der Tat kaum Motivation für die meisten Dinge in meinem Leben, oder für etwas, das mit Gott zu tun hat.
- ❒ Ich habe den Eindruck, dass die Sünde immer über mich herrschen wird, deshalb macht es wenig Sinn, zu versuchen sie zu überwinden.

2. Selbstmitleid und Selbstkontrolle sind im Zentrum der Hoffnungslosigkeit.

- ❒ Meine Gedanken drehen sich meist um mich selbst und darum, was ich kann oder nicht tun kann.
- ❒ Viele Menschen in meiner Umgebung kämpfen mit Selbstmitleid.
- ❒ Um ehrlich zu sein, ich habe nicht viele enge Freunde.
- ❒ Meine Erwartungen an andere sind ziemlich hoch.

3. Hoffungslosigkeit geht Hand in Hand mit Minderwertigkeitsgefühlen und dem Gefühl, ein Opfer zu sein.

- ❒ Ich glaube, dass es nur wenig gibt, was man in meiner Situation tun kann – es scheint, dass ich den anderen gnadenlos ausgeliefert bin.
- ❒ Ich habe den Eindruck, dass mein Leben wie eingesperrt ist, aufgrund dessen, was mir andere angetan haben.
- ❒ Ich teile meine Freunde nicht gerne mit anderen, weil ich glaube, dass die, die besser sind als ich oder mehr haben als ich, sie mir wegnehmen werden.
- ❒ Ich bin besitzergreifend und geizig, was Dinge oder Beziehungen betrifft, weil ich Angst habe, dass mich jemand bestiehlt.
- ❒ Ich habe keine Freiheit, mich in Gruppen mitzuteilen, weil meine Kommentare oder Ideen wahrscheinlich übergangen oder nicht berücksichtigt werden.
- ❒ Ich bin unfähig im Vertrauen oder Glauben herauszutreten, um neue Wege zu beschreiten.
- ❒ Ich habe kaum Selbstbewusstsein.
- ❒ Angesichts der wenigen Möglichkeiten, die ich in meinem Leben habe (oder des geringen Vertrauens), gehe ich lieber auf Nummer Sicher als ein Risiko einzugehen.
- ❒ Ich ärgere mich, wenn Gott andere erhöht, weil ich denke, dass das Leben nicht fair zu mir ist.
- ❒ Ich lebe ein passives Leben. Es ist immer ein anderer, der dafür sorgt, dass etwas geschieht oder die Verantwortung übernimmt.

4. Fehlende Dankbarkeit öffnet der Hoffnungslosigkeit die Tür.

- ❒ Es fällt mir schwer, an Dinge zu denken, für die ich Gott danken könnte.
- ❒ Ich kann mich nicht erinnern, wann ich Gott zum letzten Mal für seine Hilfe in meinem Leben gedankt habe.
- ❒ Wenn ich zu beten versuche, um Gott zu danken, fällt mir absolut nichts ein.
- ❒ Warum sollte ich für etwas danken, wenn es doch nur wenig oder nichts zu hoffen gibt?
- ❒ Ich frage mich, ob ich je aus diesem hoffnungslosen Kreislauf herauskommen werde.

III. Aus Scham und Hoffnungslosigkeit ausbrechen

A. Bekenne

Herr Jesus, ich bitte dich um Vergebung für diese Sünde, dass ich mir Scham und Hoffnungslosigkeit aufgeladen habe. Ich bereue, dass ich zugelassen habe, dass sie zu einem Teil meines Lebens geworden sind. Ich erkenne, welche Auswirkungen sie auf mich und die anderen in meiner Umgebung hatten und ich bekenne sie als Sünde. Scham und Hoffnungslosigkeit kommen nicht von dir! (Gehe alle Bereiche durch und bitte Gott für die angekreuzten Punkte um Vergebung.)

B. Widerstehe

Herr, ich gebe Scham und Hoffnungslosigkeit in allen Erscheinungsformen auf. Das ist nicht mein Wesen und es reflektiert nicht dich. Ich weise alle bösen Geister der Scham von mir, die mich mit Gedanken der Scham, Schande und Wertlosigkeit attackieren! Ich weise alle bösen Geister der Hoffnungslosigkeit und Verzweiflung zurück, die versucht haben, mich von der Liebe meines himmlischen Vaters zu trennen! Ich trete ihnen jetzt in der Autorität Jesu Christi entgegen und befehle ihnen, sofort zu fliehen! Ich trete sie nach dem Wort Gottes unter meine Füße und vernichte den Einfluss, den sie auf mein Leben hatten.

C. Ersetze

Ich tausche das Leben der Scham gegen ein Leben der Akzeptanz und Annahme aus, weil ich wirklich und wahrhaftig ein Kind Gottes bin. Ich ersetze die Hoffnungslosigkeit durch ein Leben der Freude, des Friedens, des Mutes, der Risikobereitschaft, Stärke, Autorität und Liebe, damit sich die Welt nach dem Grund meiner Hoffnung erkundigt. Ich will in der Wahrheit leben, dass alle, die Kinder Gottes sind, ein Anrecht auf Mut, Kühnheit und Vertrauen haben.

D. Empfange

Herr Jesus, ich bitte dich, mich mit deinem Heiligen Geist zu erfüllen, damit ich ein übernatürliches Leben über aller Scham und Hoffnungslosigkeit leben kann. Ich will in der Hoffnung, der Kraft und der Autorität leben, die ich als Kind des Königs aller Könige habe. Ich bin angenommen, und mein Leben soll die Liebe, Gnade und Herrlichkeit Gottes bezeugen!

IV. Frei von Scham und Hoffnungslosigkeit leben

Ein Teil unseres Lebens in Freiheit durch Christus in Wahrheit, Reinheit und Heiligkeit hängt damit zusammen, dass unser Denken durch Gottes Wort und seinen Heiligen Geist erneuert wird. Der letzte Teil am Ende dieses Buches ist voll von Bibelstellen, die von Gottes Liebe, Vergebung und unserer wahren Identität in Christus sprechen. Greife auf die Wahrheit des Wortes Gottes und die Autorität, die wir in Christus haben zurück, um die Lügen des Feindes zurückzuweisen, wenn diese wieder in deinen Gedanken auftauchen, um dich zu quälen. Denke über die Verheißungen Gottes nach, die uns eine vollkommene Vergebung versprechen. Das wird die Lügen entkräften, die dich als „unrein" verklagen. Sie werden zu einer Quelle des Trostes und sie werden dich an deine wahre Stellung vor Gott erinnern. Lass nicht zu, dass von alten Vorstellungen, den Worten anderer oder Gedanken der Wertlosigkeit und Schuld definiert wird, wer du bist. Diese bestimmen nicht, wer du bist!

Du wirst auch einige Entscheidungen treffen müssen. Einen Lebensstil der Reinheit und Heiligkeit zu entwickeln, ist ein lebenslanger Prozess, und er schließt nicht nur unser Verhalten ein. Er bezieht sich auch darauf, was wir denken, was wir sehen, was wir sagen, wie wir uns kleiden. Diese Entscheidungen dürfen nicht aus einem gesetzlichen Herzen kommen, sondern sie müssen eher aus einem Herzen kommen, das von Gottes Heiligem Geist erneuert und erfüllt ist.

V. Bibelstellen, nach denen wir leben können

Psalm 33,18 *Doch das Auge des Herrn ruht auf allen, die ihn fürchten und ehren, die nach seiner Güte ausschauen.*

Psalm 119,114 *Du bist mein Schutz und mein Schild, ich warte auf dein Wort.*

Jesaja 40,31 *Die aber, die dem Herrn vertrauen, schöpfen neue Kraft, sie bekommen Flügel wie Adler. Sie laufen und werden nicht müde, sie gehen und werden nicht matt.*

Joel 2,26 *Ihr werdet essen und satt werden und den Namen des Herrn, eures Gottes, preisen, der für euch solche Wunder getan hat. Mein Volk braucht sich nie mehr zu schämen.*

Römer 8,1 *Jetzt gibt es keine Verurteilung mehr für die, welche in Christus Jesus sind.*

Römer 15,13 *Der Gott der Hoffnung aber erfülle euch mit aller Freude und mit allem Frieden im Glauben, damit ihr reich werdet an Hoffnung in der Kraft des Heiligen Geistes.*

Epheser 2,10 *Seine Geschöpfe sind wir, in Christus dazu geschaffen, in unserem Leben die guten Werke zu tun, die Gott für uns im Voraus bereitet hat.*

Das Geburtsrecht eines Christen

Ich bin das Licht der Welt, und die Finsternis kann es nicht zudecken. **Matthäus 5,14**

Ich lebe in der Autorität Christi, die mir die Vollmacht gibt, alle Macht des Feindes zu überwinden. **Lukas 10,17-20**

Ich bin ein Teil des wahren Weinstocks, durch den das Leben und die Energie Christi fließen. **Johannes 15,1, 5**

Es gibt für mich keine Verurteilung mehr, denn mir ist vollkommen vergeben und ich bin in Christus gerechtfertigt. **Römer 8,1**

Ich bin ein Miterbe mit Christus, der sein Erbe mit mir teilt. **Römer 8,17**

Ich bin sicher in der Liebe, die Christus für mich hat. **Römer 8,35-39**

Ich überwinde und besiege alles, das sich gegen mich stellen will, durch Christus. **Römer 8,37-39**

Ich bin ein Tempel – eine Wohnung Gottes, denn sein Geist wohnt in mir. **1. Korinther 3,16; 6,19**

Ich habe mit Gott Gemeinschaft, denn ich bin eines Geistes mit ihm. **1. Korinther 6,17**

Ich bin ein Glied des Leibes Christi. **1. Korinther 12,27; Epheser 5,30**

Ich bin eine neue Schöpfung in Christus, denn das Alte ist vergangen. **2. Korinther 5,17**

Ich bin mit Gott versöhnt und habe den Auftrag, anderen seine Versöhnung zu verkünden. **2. Korinther 5,18-19**

Ich bin gerecht durch Gottes Gerechtigkeit. **2. Korinther 5,21**

Ich bin ein Kind Gottes und habe engste Gemeinschaft mit Christus. **Galater 3,26-28**

Ich bin ein Kind Gottes und habe einen himmlischen Vater, der mich innig und unendlich liebt. **Galater 4,6**

Ich bin ein Erbe Gottes, weil ich ein Kind Gottes bin. **Galater 4,6-7**

Ich bin ein Heiliger. **Epheser 1,1; 1. Korinther 1,2; Philipper 1,1; Kolosser 1,2**

Ich bin mit Christus in den Himmel versetzt und habe Vollmacht und Autorität über das Reich des Widersachers. **Epheser 1,19-23; 2,5-6**

Ich bin Gottes Werkzeug und in Christus dazu geschaffen, sein Werk zu tun. **Epheser 2,10**

Ich bin ein Mitbürger und gehöre zu Gottes Familie. **Epheser 2,19**

Ich bin im Licht und decke die Werke der Finsternis in meinem Leben durch Christus auf. **Epheser 5,8-14**

Ich kämpfe gegen den Widersacher und habe alles, was ich brauche, um in Christus zu triumphieren. **Epheser 6,10-20**

Ich bin mit Christus in Gott verborgen, deshalb muss der Widersacher durch Christus gehen, um mich zu kriegen. **Kolosser 3,3**

In mir offenbart sich das Leben Christi, denn er ist mein Leben. **Kolosser 3,4**

Ich bin ein sehr geliebter und auserwählter Heiliger, der von Gott eifersüchtig beschützt wird. **Kolosser 3,12; 1. Thessalonicher 1,4**

Ich bin ein Heiliger, der zur Teilhabe an der himmlischen Welt berufen ist. **Hebräer 3,1**

Ich gehöre zu Christus und habe Anteil an seinem Leben. **Hebräer 3,14**

Ich bin einer der lebendigen Steine, die in Christus zu einem geistlichen Haus erbaut werden. **1. Petrus 2,5**

Ich gehöre zu dem auserwählten Geschlecht, zur königlichen Priesterschaft, zum heiligen Volk, das Gott selbst gehört. **1. Petrus 2,9-10**

Ich bin nur ein Fremder und Gast in dieser Welt, in der ich vorübergehend lebe. **1. Petrus 2,11**

Ich bin ein Feind des Teufels. **1. Petrus 5,8**

Ich bin ein Kind Gottes und ich werde Christus ähnlich sein, wenn er wiederkommt. **1. Johannes 3,1-2**

Ich bin aus Gott geboren, und der Teufel muss durch Gott, um mich anzutasten. **1. Johannes 5,18**

Gottes Liebe und Vergebung

Danket dem Herrn, denn er ist gütig, denn seine Huld währt ewig. **1. Chronik 16,34**

Der Frevler leidet viele Schmerzen, doch wer dem Herrn vertraut, den wird er mit seiner Güte umgeben. **Psalm 32,10**

Denn deine Güte reicht, so weit der Himmel ist, deine Treue, so weit die Wolken ziehen. **Psalm 57,11**

Du hast mich den Tiefen des Totenreichs entrissen. Denn groß ist über mir deine Güte. **Psalm 86,13**

Doch die Güte des Herrn währt immer und ewig für alle, die ihn fürchten und ehren; sein Heil erfahren noch Kinder und Enkel. **Psalm 103,17**

Halleluja! Danket dem Herrn; denn er ist gütig, denn seine Güte währt ewig. **Psalm 106,1**

Danket dem Herrn, denn er ist gütig, denn seine Güte währt ewig. (...) sie alle sollen dem Herrn danken für seine Güte, für sein wunderbares Tun an den Menschen, (...) Wer ist weise und beachtet das alles, wer begreift die reiche Güte des Herrn? **Psalm 107,1, 8, 43**

Lobet den Herrn, alle Völker, preist ihn, alle Nationen! Denn mächtig waltet über uns seine Güte, die Treue des Herrn währt in Ewigkeit. Halleluja! **Psalm 117,1-2**

Der Herr ist gnädig und barmherzig, langmütig und reich an Gnade. **Psalm 145,8**

Du hast mich aus meiner bitteren Not gerettet, du hast mich vor dem tödlichen Abgrund bewahrt; denn all meine Sünden warfst du hinter deinen Rücken. **Jesaja 38,17**

Aus der Ferne ist ihm der Herr erschienen: Mit ewiger Liebe habe ich dich geliebt, darum habe ich dir so lange die Treue bewahrt. **Jeremia 31,3**

Zerreißt eure Herzen, nicht eure Kleider, und kehrt um zum Herrn, eurem Gott! Denn er ist gnädig und barmherzig, langmütig und reich an Güte, und es reut ihn, dass er das Unheil verhängt hat. **Joel 2,13**

Der Herr, dein Gott, ist in deiner Mitte, ein Held, der Rettung bringt. Er freut sich und jubelt über dich, er erneuert seine Liebe zu dir, er jubelt über dich und frohlockt, wie man frohlockt an einem Festtag. **Zefanja 3,17**

Denn Gott hat die Welt so sehr geliebt, dass er seinen einzigen Sohn hingab, damit jeder, der an ihn glaubt, nicht zugrunde geht, sondern das ewige Leben hat. **Johannes 3,16**

Denn ich bin gewiss: Weder Tod noch Leben, weder Engel noch Mächte, weder Gegenwärtiges noch Zukünftiges, weder Gewalten der Höhe oder Tiefe noch irgendeine andere Kreatur können uns scheiden von der Liebe Gottes, die in Christus Jesus ist, unserem Herrn. **Römer 8,38-39**

Gott aber, der voll Erbarmen ist, hat uns, die wir infolge unserer Sünden tot waren, in seiner großen Liebe, mit der er uns geliebt hat, zusammen mit Christus wieder lebendig gemacht. Aus Gnade seid ihr gerettet. **Epheser 2,4-5**

Seht, wie groß die Liebe ist, die der Vater uns geschenkt hat: Wir heißen Kinder Gottes, und wir sind es. Die Welt erkennt uns nicht, weil sie ihn nicht erkannt hat. **1. Johannes 3,1**

Sie weigerten sich zu gehorchen und dachten nicht mehr an die Wunder, die du an ihnen getan hattest. Hartnäckig setzten sie sich in den Kopf, als Sklaven nach Ägypten zurückzukehren. Doch du bist ein Gott, der verzeiht, du bist gnädig und barmherzig, langmütig und reich an Güte; darum hast du sie nicht verlassen. **Nehemia 9,17**

Lobe den Herrn, meine Seele, und alles in mir seinen heiligen Namen! Lobe den Herrn meine Seele, und vergiss nicht, was er dir Gutes getan hat: der dir all deine Schuld vergibt und all deine Gebrechen heilt. **Psalm 103,1-3**

Der Herr ist barmherzig und gnädig, langmütig und reich an Güte [...] Er handelt an uns nicht nach unseren Sünden und vergilt uns nicht nach unserer Schuld. Denn so hoch der Himmel über der Erde ist, so hoch ist seine Güte über denen, die ihn fürchten [...] Denn er weiß, was für Gebilde wir sind; er denkt daran: Wir sind nur Staub. **Psalm 103,8-14**

Die Güte des Herrn ist nicht erschöpft, sein Erbarmen ist nicht zu Ende. Neu ist es an jedem Morgen; groß ist deine Treue. **Klagelieder 3,22-23**

Mit einem erneuerten Geist leben lernen

Statt Ärger:

Ich lasse nicht zu, dass mich der Ärger beherrscht; ich denke über die Sache nach und schweige. Psalm 4,4

Ich lasse die Sonne über meinem Zorn nicht untergehen. Epheser 4,26

Wenn ich in Schwierigkeiten komme, bleibe ich geduldig und bete. Römer 12,12

Ich vergelte nicht Böses mit Bösem, sondern bemühe mich immer, allen Gutes zu tun. 1. Thessalonicher 5,15

Ich höre nicht auf, andere zu lieben, denn die Liebe macht vieles wieder gut. 1. Petrus 4,8

Es ist die Liebe Christi, die mein Handeln bestimmt. 2. Korinther 5,14

Statt Furcht/Angst:

Ich habe keine Angst, wenn die Hitze kommt, denn ich vertraue auf Gott. Jeremia 17,7-8

Ich bin sicher, weil ich auf Gott vertraue und keine Menschenfurcht habe. Sprichwörter 29,25

Gott hat mir keinen Geist der Verzagtheit gegeben, sondern einen Geist der Kraft und der Liebe und der Besonnenheit. 2. Timotheus 1,7

Ich habe keine Angst vor Strafe, denn die Liebe kennt keine Angst. 1. Johannes 4,18

Ich habe kein ängstliches Herz, denn Gott beschützt mich in der Gefahr. Psalm 27,1-3

Ich gehe ohne Angst zu Bett, denn mein Schlaf wird mich erquicken. Sprichwörter 3,24

Ich habe keine Angst vor schlimmen Nachrichten, denn ich vertraue Gott mit ruhigem Herzen. Psalm 112,7

Ich habe keine Angst, denn du bist bei mir. Psalm 23,4

Ich fürchte nichts außer Gott. Er gibt mir Sicherheit. Jesaja 8,13

Ich habe keine Todesangst mehr, denn er wird mich erlösen. Hebräer 2,14-15

Statt Scham:

Ich brauche mich nicht zu schämen, denn ich vertraue auf ihn. Römer 9,33

Ich brauche mich nicht zu schämen, denn ich hoffe auf dich. Psalm 25,3

Wenn ich umkehre und zu dir bete, wirst du meine Sünde vergeben und mich wieder heilen. 2. Chronik 7,14

Wenn ich auf dich blicke, dann leuchtet mein Gesicht, und ich brauche nicht zu erröten. Psalm 34,6

Ich habe ein neues Herz und einen neuen Geist bekommen. Hesekiel 36,26

Ich bin in Jesus Christus, deshalb gibt es für mich keine Verurteilung mehr! Römer 8,1

Ich brauche mich nie mehr zu schämen, denn Gott hat für mich Wunder gewirkt. Joel 2,26

Ich bin Gottes Werk und in Jesus Christus dazu geschaffen, gute Werke zu tun. Epheser 2,10

Ich bin erlöst und meine Sünden sind vergeben! Kolosser 1,14

Statt Rebellion:

Ich befolge Gottes Wahrheit und werde deshalb von ihm geliebt. Johannes 14,21

Ich entscheide nichts, ohne den Vater zu fragen. Johannes 5,30

Ich suche bei allem nicht meinen Willen, sondern den seinen. Matthäus 26,39

Ich ordne mich allen Autoritäten unter, die Gott über mich gesetzt hat. Römer 13,1-2

Ich bin der Meinung, dass Gemeindeleiter von Gott eingesetzt sind. Hebräer 13,7

Ich respektiere andere und lebe in Unterordnung. 1. Petrus 2,13-14

Ich erweise allen Menschen Ehre und versuche ihre Ehre zu schützen. 1. Petrus 2,17

Statt Unglaube:

Ich glaube, dass es ihn gibt und dass er alle belohnt, die ihn ernstlich suchen. Hebräer 11,6

Ich habe eine zuversichtliche Hoffnung und keinen Zweifel an dem, was ich nicht sehe. Hebräer 11,1

Ich bitte im Glauben ohne zu zweifeln, denn der Zweifler ist wie eine Welle im Wind. Jakobus 1,6

Ich ergreife den Schild des Glaubens, um damit alle feurigen Pfeile des Bösen abzufangen. Epheser 6,13.16

Ich lebe in der Zeit des Glaubens und nicht des Schauens. 2. Korinther 5,7

Mein Glaube stützt sich nicht auf Menschenweisheit, sondern auf die Kraft Gottes. 1. Korinther 2,4-5

Ich glaube an Jesus, und ich werde nicht nur seine Taten vollbringen, sondern noch Größeres tun. Johannes 14,12

Wenn der Menschensohn wiederkommt, wird er mich unter denen finden, die Glauben haben. Lukas 18,8

Ich werde alles bekommen, worum ich bitte, weil ich glaube. Matthäus 21,22

Ich verdiene es nicht, aber sprich nur ein Wort, und dein Diener wird gesund. Matthäus 8,8

Statt Hoffnungslosigkeit:

Ich setze meine Hoffnung in dein Wort, denn du bist meine Zuflucht und mein Schutz. Psalm 119,114

Ich setze meine Hoffnung in deine unerschütterliche Liebe, denn ich weiß, dass deine Augen auf mir ruhen. Psalm 33,18

Ich glaube, dass du an mir Freude hast, weil ich mit deiner unerschütterlichen Liebe rechne. Psalm 147,11

Ich weiß, dass ich neue Kraft schöpfen werde, weil ich auf dich hoffe; ich werde mich aufschwingen wie auf Adlerflügeln;

ich werde laufen und nicht zusammenbrechen; ich werde gehen und nicht müde werden. Jesaja 40,31

Ich hoffe auf Gott, und er wird mich nicht enttäuschen. Jesaja 49,23

Meine Hoffnung wird mich nicht enttäuschen, denn Gottes Liebe ist in meinem Herzen. Römer 5,5

Ich weiß, dass Gott mir Hoffnung gibt mich und mit Frieden und Freude erfüllt. Römer 15,13

Meine Hoffung wird immer stärker und unerschütterlicher werden durch die Kraft des Heiligen Geistes. Römer 15,15

Weil ich eine solche Hoffnung habe, kann ich sehr mutig sein. 2. Korinther 3,12

Statt Unsicherheit:

Ich bin sicher, weil mich nichts von der Liebe Christi trennen kann. Römer 8,38

Ich habe in Christus die ganze Fülle. Kolosser 2,10

Ich bin von Gott erwählt und dazu bestimmt, Frucht zu bringen. Johannes 15,16

Ich darf voll Zuversicht und Vertrauen zu Gott kommen. Epheser 3,12

Das Reich Gottes ist in mir. Lukas 17,20-21

Gott leitet mich auf allen meinen Wegen, wenn ich ihn suche. Sprichwörter 3,5-6

Ich bin ganz wunderbar gemacht. Psalm 139,14

Ich bin frei von Verurteilung. Römer 8,1-2

Ich bin von Gott geschaffen, um gute Werke zu tun. Epheser 2,10

Nichts kann mich trennen von der Liebe Gottes. Römer 8,35-39

Statt Eifersucht und Neid:

Ich habe in Christus die ganze Fülle. Kolosser 2,10

Ich weiß, dass mir alle Dinge zum Guten dienen. Römer 8,28

Ich bin von Gott erwählt und dazu bestimmt, Frucht zu bringen. Johannes 15,16

Ich bin ein Tempel Gottes. 1. Korinther 3,16

Ich bin von Gott geschaffen, um gute Werke zu tun. Epheser 2,10

Der Herr ist mein Hirte; darum leide ich keine Not [...] festlich nimmst du mich bei dir auf und füllst mir den Becher randvoll.

Deine Güte und Liebe umgeben mich an jedem neuen Tag; in deinem Haus darf ich bleiben mein Leben lang. Psalm 23

Ich bin zufrieden, ich bin erfüllt, ich bin voll Freude und ich bin frei.

Statt Stolz und Überheblichkeit:

Ich hasse Stolz und Überheblichkeit, unrechtes Tun und falsches Reden. Hebräer 8,13

Ich bin klug und nehme den Rat von anderen an, denn Überheblichkeit führt nur zu Zank und Streit. Sprichwörter 13,10

Ich entscheide mich dafür, demütig zu sein, denn Gott wird für meine Ehre sorgen. Lukas 4,11

Ich diene den anderen. Markus 10,43

Ich gebe nicht an, sondern meine Anerkennung kommt von Gott. 2. Korinther 10,10

Ich liebe andere und prahle nicht. Ich bin weder stolz noch selbstsüchtig. 2. Korinther 13,4-5

Ich beuge mich unter Gottes starke Hand, er wird mich zur rechten Zeit erhöhen. 1. Petrus 5,6

Ich bin nicht selbstsüchtig, sondern achte die anderen höher als mich selbst. Philipper 2,3

Ich lebe nicht, um auf andere einen guten Eindruck zu machen. Philipper 2,3

Ich bin nicht nur auf meinem eigenen Vorteil bedacht, sondern suche auch das Wohl der anderen. Philipper 2,4

Ich bekleide mich mit herzlichem Erbarmen, Freundlichkeit, Bescheidenheit und Geduld. Kolosser 3,12

Ich bin freundlich und gütig zu allen. Titus 3,2

Statt Minderwertigkeit:

Ich will nichts haben, was anderen gehört. 2. Mose 20,17

Ich bin von Gott geschaffen, um die guten Werk zu tun, die er für mich vorbereitet hat! Epheser 2,10

Ich bin stark und fürchte mich nicht, denn mein Gott wird kommen. Jesaja 35,4

Ich bin das Salz der Erde und das Licht der Welt. Matthäus 5,13-14

Ich bin ein Zeuge Christi in der Kraft des Heiligen Geistes. Apostelgeschichte 1,8

Ich bin Gottes Werk. Epheser 2,10

Ich bin sehr privilegiert, denn Gott ist mit mir. Lukas 1,28

Ich bin ein starker Held, denn Gott ist mit mir. Richter 6,12

Ich weiß, dass ich von Gott bedingungslos geliebt bin. 1. Johannes 3,1

Ich habe keinen Geist der Verzagtheit bekommen, sondern einen Geist der Kraft und der Liebe und der Besonnenheit. 2. Timotheus 1,7

Statt Passivität:

Ich will dem Herrn, meinem Gott, nachfolgen und ihn fürchten; ich will seine Gebote halten und auf seine Stimme hören. Ich will ihm dienen und an ihm festhalten. 5. Mose 13,5

Ich bin nicht faul, sondern fleißig bis zum Ende. Sprichwörter 10,4

Ich arbeite hart und beweise Gott meine Liebe dadurch, dass ich andere liebe und mich um sie kümmere. Hebräer 6,10-11

Ich bin von Gott erwählt und dazu bestimmt, Frucht zu bringen. Johannes 15,16

Ich bin Gottes Mitarbeiter. 2. Korinther 6,1

Ich vermag alles durch den, der mich stark macht. Philipper 4,13

Ich habe keinen Geist der Verzagtheit bekommen, sondern einen Geist der Kraft und der Liebe und der Besonnenheit. 2. Timotheus 1,7

Ich bin nicht faul, sondern nehme mir ein Beispiel an denen, die aufgrund ihres Vertrauens und ihrer Ausdauer empfangen haben, was Gott versprochen hat. Hebräer 6,11-12

Statt Unversöhnlichkeit:

Ich vergebe anderen, so wie Gott mir durch Christus vergeben hat. Epheser 4,32

Er vergibt alle meine Sünden und heilt alle meine Krankheiten. Psalm 103,3

Er vergibt uns unsere Sünden, wie auch wir allen vergeben, die an uns schuldig werden. Matthäus 6,12

Ich vergebe allen, die an mir schuldig werden. Matthäus 18,22

Wenn ich einem anderen etwas vorzuwerfen habe, dann will ich ihm vergeben. Markus 11,25-26

Ich will sagen: „Vater, vergib ihnen, denn sie wissen nicht, was sie tun." Lukas 23,34

Ich trage anderen nichts nach, sondern vergebe allen, die mir Unrecht getan haben. Kolosser 3,13

Ich bin barmherzig, deshalb wird sich auch Gott über mich erbarmen und mich nicht verurteilen. Jakobus 2,13

Ich bekenne meine Sünden, und er ist treu und gerecht, dass er mir vergibt und mich von aller Schuld reinigt. 1. Johannes 1,9

Statt Selbstmitleid und Opferrolle:

Ich bin sicher, weil mich nichts von der Liebe Christi trennen kann. Römer 8,38

Ich glaube, dass du an mir Freude hast, weil ich auf deine unerschütterliche Liebe hoffe. Psalm 147,11

Ich weiß, dass Gott vor Freude über mich jubelt. Zefanja 3,17

Ich vergebe anderen, weil Gott auch mir durch Christus vergeben hat. Epheser 4,32

Ich ehre und gehorche Gott, halte seine Gebote und bleibe ihm treu. 1. Samuel 12,14

Ich bin liebevoll und selbstbewusst, auch wenn ich Angst habe, von anderen abgelehnt zu werden. 1. Johannes 4,18

Ich setze meine Hoffnung in deine unerschütterliche Liebe, und ich weiß, dass deine Augen auf mir ruhen. Psalm 33,18

Ich bin nicht selbstsüchtig, sondern achte die anderen höher als mich selbst. Philipper 2,3

Ich bin nicht nur auf meinen eigenen Vorteil bedacht, sondern suche auch das Wohl der anderen. Philipper 2,4

Ich bin sehr privilegiert, weil Gott mit mir ist. Lukas 1,28

Leben in Freiheit
Mein Original Design

Name:

Datum/Ort:

Leben in Freiheit

Mein Original Design – Next Steps

Anleitung zur Verarbeitung:

1. Prüfe die Aussagen im Gebet (vgl. 1. Thess 5,20-21).

2. Unterstreiche auf dem Blatt die Aussagen, welche du als Bestätigung von Jesus erkennst.

3. Spricht mit Jesus weiter darüber und erzähle jemandem in deinem Bekanntenkreis davon.

4. Mach erste Schritte und schaue weiter, wie der Heilige Geist dich führt.

5. Bitte Jesus, dass er dir die nächsten Schritte aufzeigt. Bleibe im Gebet dran, bis du es siehst.

WAS	BIS WANN / DATUM	MIT WEM
Ich prüfe im Gebet, was die BeterInnen auf dem Original Design-Blatt aufgeschrieben haben. Ich unterstreiche im Text, was in meinem Herzen anklingt.		Du mit Jesus
Ich erzähle mein Design jemandem und frage, wie er/sie mich darin sieht.		Familie, Freunde, jemand aus der Gemeinde
Ich spreche mit einem geistlichen Leiter/einer geistlichen Leiterin darüber, was die nächsten Schritte sein könnten, die ich gerne gehen möchte (Dienst, Weiterbildung, Aufgabe, Kontakt etc.)		Geistliche/r LeiterIn, Coach/MentorIn, FreundIn
Ich frage den Heiligen Geist nach weiteren Hinweisen, erweitere/konkretisiere meine Vision und kläre die nächsten Schritte.		Du mit Jesus
Ich schreibe auf, was ich für den nächsten Schritt praktisch brauche: Zeit, Geld, Weiterbildung, Unterstützung/Freisetzung durch jemanden, Plattform/Einsatzmöglichkeit etc.		Geistliche/r LeiterIn, Coach/MentorIn, FreundIn

Der ganze Prozess wächst durch dein Gespräch mit Jesus und den entsprechenden Personen. Erwarte, dass Jesus dir die entsprechenden Personen zur Seite stellt. Übe – wage – sei mutig, denn:

Sprichwörter 4,18 *Wer aber Gott gehorcht, dessen Leben gleicht einem Sonnenaufgang: Es wird heller und heller, bis es lichter Tag geworden ist.*

ÜBUNG: Wurzeln von Verhaltensmustern geistlicher Festungen erkennen

Dieses Übungsblatt dient dir zum Erkennen der Wurzel, welche die entsprechende Festung am Leben erhält. Lade Jesus in diese Zeit ein und gehe mit ihm Schritt für Schritt durch die drei Fragen. Es lohnt sich, die Übung in einer Gruppe von von zwei bis drei Leuten zu machen.

Vorgehensweise:

a) Fülle die drei Fragen betend aus

b) Bete das 4 Schritte-Gebet

c) Beobachte, wie sich in den nächsten Tagen und Wochen dein Leben verändert.

Äste und Früchte:

• Die Art und Weise, wie die Festungen im Leben eines Menschen zum Ausdruck kommen – als sichtbare Auswirkung der Kernfestung z. B. Zorn, Furcht und Unglaube, Passivität, Scham und Hoffnungslosigkeit.

Baumstamm:

• Die „Kernfestung"

Wurzeln:

• Wie die Festung im Leben eines Menschen entstanden ist:

☐ Ungerechtigkeit
☐ Trauma
☐ Liebesdefizit/Wahrheitsdefizit
☐ Generationensünde
☐ Seelische Bindung
☐ Flüche / okkulte Praktiken
☐ Eigenes sündhaftes Verhalten

NOTIZEN _____

Ich wähle heute folgende Festung/folgendes Verhaltensmuster:

Name der Festung:

_____

I. Welchen Einfluss hat dieses Verhaltensmuster auf dich und dein Umfeld?

_____

_____

_____

II. Frage Jesus nach der Wurzel der Festung (Ereignis, Person usw.).
Wie heisst die mögliche Lüge dahinter?

_____

_____

_____

III. Mache eine geistliche Transaktion (siehe Seite 126)

A. Bekenne   B. Widerstehe

C. Ersetze   D. Empfange

Das Baum-Modell

Gottes Design

Gute Früchte:

• Mein Design – spezifische Art und Weise, wie Christus sich durch mich ausdrückt (Berufung, Begabung, Frucht des Geistes, Charaktereigenschaften, Autorität, versöhnte Beziehungen usw.)

Baumstamm:

• Meine neue Identität – Jesus Christus in mir

Wurzeln:

• Was meine Identität in Christus stärkt und gute Frucht hervorbringt:

☐ Gottes Wort / Wahrheit & Gnade

☐ Göttlicher Bund

☐ Kraft des Heiligen Geistes

☐ Bedingungslose Liebe / Annahme

☐ Segen und Freisetzung

☐ Intimität mit Gott - Gebet

☐ Christliche Gemeinschaft

Festungen

Schlechte Früchte:

- Die Art und Weise, wie die Festungen im Leben eines Menschen zum Ausdruck kommen – als sichtbare Auswirkung der Kernfestung z. B. Zorn, Furcht und Unglaube, Passivität, Scham und Hoffnungslosigkeit.

Baumstamm:

- Die „Kernfestung"

Wurzeln:

- Wie die Festung im Leben eines Menschen entstanden ist:

  ☐ Ungerechtigkeit

  ☐ Trauma

  ☐ Liebesdefizit/Wahrheitsdefizit

  ☐ Generationensünde

  ☐ Seelische Bindung

  ☐ Flüche / okkulte Praktiken

  ☐ Eigenes sündhaftes Verhalten

4 Schritte der Umkehr

1. Bekennen (inklusive Vergebung)

- Ich gebe mich demütig Gott hin und stimme mit seiner Wahrheit überein, indem ich Sünden, geglaubte Lügen, Fehlverhalten bekenne und seine Vergebung empfange.

- Ich gewähre Vergebung, wo ich verletzt wurde.

2. Chronik 7,14; Apostelgeschichte 3,19; 1. Johannes 1,9

2. Widerstehen (trenne dich von Lügen)

- Ich widerstehe dem Einfluss des Feindes und trenne mich vom entsprechenden Geist, z. B. *Geist der Minderwertigkeit, ich widerstehe dir im Namen Jesus und sage dir, du hast keinen Anteil mehr in mir.*

- Ich widerrufe alle Lügen, denen ich geglaubt hatte und weise sie aus meinem Leben in der Autorität von Jesus.

Matthäus 4,10; Jakobus 4,7

3. Ersetzen (proklamiere Gottes Wahrheiten)

- Ich ersetze den entsprechenden Geist und erneuere meine Sinne mit Gottes Wahrheiten. Z. B. Minderwertigkeit: *Im Namen Jesu spreche ich aus, dass ich wertvoll und teuer erkauft worden bin.*

- Ich bitte Gott um Erneuerung meiner Gedanken, Gefühle, Verhaltensweisen.

- Ich proklamiere Gottes Wahrheiten über meinem Leben und wandle in der spezifischen Wahrheit.

Epheser 4,22-29; Johannes 8,31-32

4. Empfangen (freue dich!)

- Ich bitte um Erfüllung mit dem Heiligen Geist, der mich bevollmächtigt, ein Leben in Gottes Wahrheiten zu führen.

- Ich empfange den Heiligen Geist und lasse mich von Gottes Gegenwart, überfließender Gnade und Kraft erfüllen.

Epheser 5,18; Titus 3,4-6

Generationen-Gebet

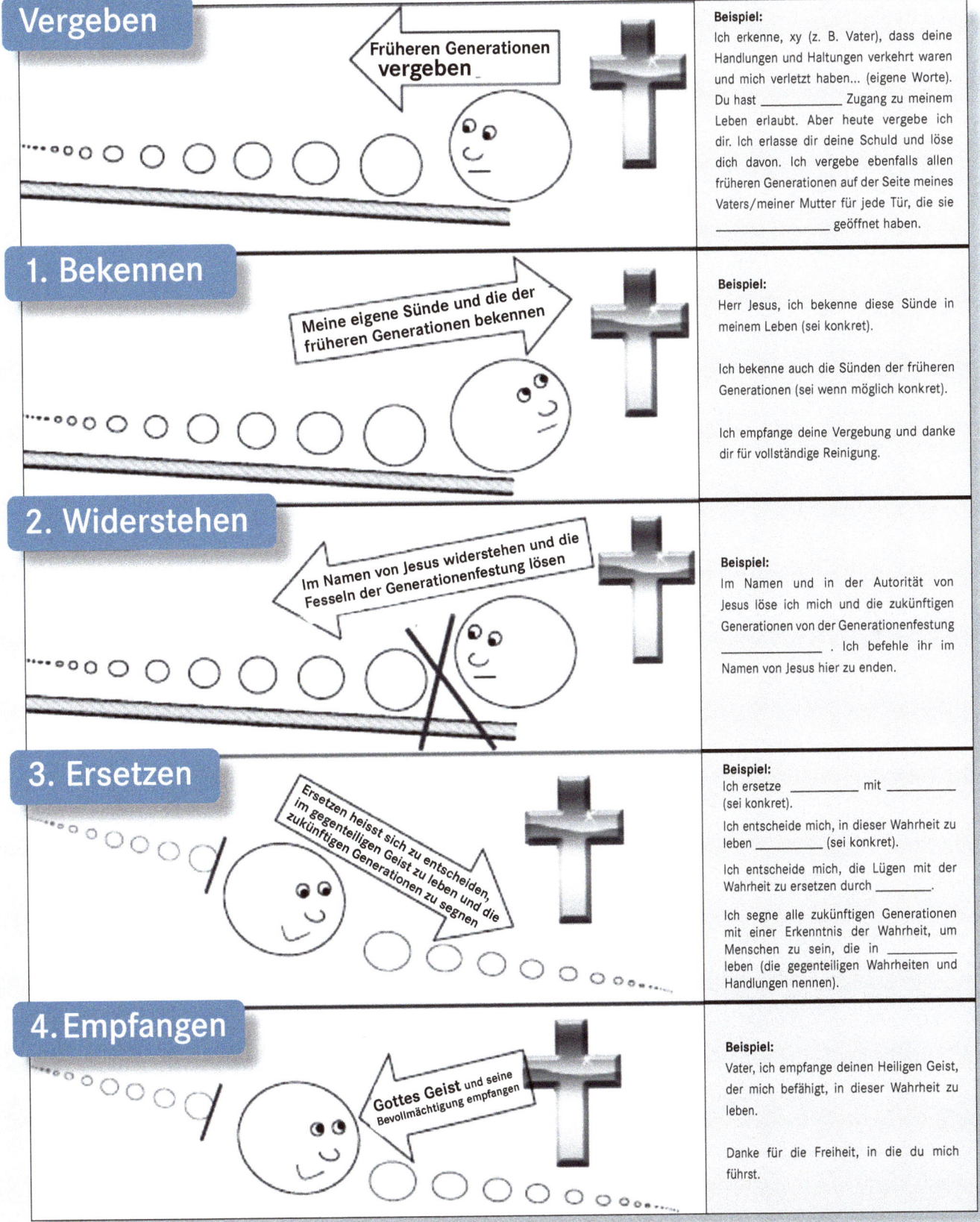

Vergeben

Früheren Generationen **vergeben**

Beispiel:
Ich erkenne, xy (z. B. Vater), dass deine Handlungen und Haltungen verkehrt waren und mich verletzt haben... (eigene Worte). Du hast _____ Zugang zu meinem Leben erlaubt. Aber heute vergebe ich dir. Ich erlasse dir deine Schuld und löse dich davon. Ich vergebe ebenfalls allen früheren Generationen auf der Seite meines Vaters/meiner Mutter für jede Tür, die sie _____ geöffnet haben.

1. Bekennen

Meine eigene Sünde und die der früheren Generationen bekennen

Beispiel:
Herr Jesus, ich bekenne diese Sünde in meinem Leben (sei konkret).

Ich bekenne auch die Sünden der früheren Generationen (sei wenn möglich konkret).

Ich empfange deine Vergebung und danke dir für vollständige Reinigung.

2. Widerstehen

Im Namen von Jesus widerstehen und die Fesseln der Generationenfestung lösen

Beispiel:
Im Namen und in der Autorität von Jesus löse ich mich und die zukünftigen Generationen von der Generationenfestung _____ . Ich befehle ihr im Namen von Jesus hier zu enden.

3. Ersetzen

Ersetzen heisst sich zu entscheiden, im gegenteiligen Geist zu leben und die zukünftigen Generationen zu segnen

Beispiel:
Ich ersetze _____ mit _____ (sei konkret).
Ich entscheide mich, in dieser Wahrheit zu leben _____ (sei konkret).
Ich entscheide mich, die Lügen mit der Wahrheit zu ersetzen durch _____.
Ich segne alle zukünftigen Generationen mit einer Erkenntnis der Wahrheit, um Menschen zu sein, die in _____ leben (die gegenteiligen Wahrheiten und Handlungen nennen).

4. Empfangen

Gottes Geist und seine Bevollmächtigung empfangen

Beispiel:
Vater, ich empfange deinen Heiligen Geist, der mich befähigt, in dieser Wahrheit zu leben.

Danke für die Freiheit, in die du mich führst.

127